Wolfgang Knoll
Martin Hechinger

MAQUETAS DE ARQUITECTURA

TÉCNICAS Y CONSTRUCCIÓN

Fotografías de Hans-Joachim Heyer

GG/México

Ediciones G. Gili, S.A. de C.V.

México, Naucalpan 53050 Valle de Bravo, 21. Tel. 560 60 11
08029 Barcelona Rosselló, 87-89. Tel. 322 81 61
28006 Madrid Alcántara, 21. Tel. 401 17 02
1064 Buenos Aires Cochabamba, 154-158. Tel. 361 99 98
Bogotá Calle 58, N.° 19-12. Tels. 217 69 39 y 235 61 25

Título original: Architektur - Modelle. Anregungen zu ihrem Bau

Wolfgang Knoll y Martin Hechinger
con fotografías de Hans-Joachim Heyer

Versión castellana de Jordi Siguan, arqto.

Printed in Spain
ISBN: 968-887-195-8
Impresión: INGOPRINT, S.A. - Barcelona

La edición consta de 4.000 ejemplares más sobrantes para reposición

1. Rascacielos de oficinas en Frankfurt. Compárese con la ilustración n.° 151.

Índice

Prólogo

La arquitectura no sólo se genera a partir de dibujos y maquetas, sino que se representa fundamentalmente a través de estos dos medios de comunicación. En mis conferencias, ejercicios y seminarios sobre los medios de representación arquitectónica impartidos en el Institut für Darstellen und Gestalten, de la Universidad de Stuttgart, la construcción de maquetas es uno de los temas más importantes. Aquí el estudiante aprende, además de las técnicas y los materiales, a traducir los dibujos a un modelo tridimensional y a entender la maqueta como un instrumento de diseño en el que pueden analizarse y estudiarse los volúmenes a edificar como objetos plásticos y controlar el efecto que producen los espacios proyectados. Las maquetas complementan los dibujos y se rigen por sus propias leyes formales. El alumno, así como el arquitecto, deberían adquirir una caligrafía propia e inconfundible, no sólo a la hora de dibujar, sino también al construir maquetas.

Por sugerencia de Kurt Hoffmann hemos reunido en este libro nuestras experiencias, el extenso material pedagógico y los resultados didácticos de los alumnos del seminario. Mi intención no consistía en reunir una serie de recetas, sino en ofrecer al lector una serie de sugerencias y consejos para la construcción de maquetas, entendida como un proceso de formalización que va más allá de la mera reproducción de un proyecto arquitectónico.

Estamos profundamente agradecidos al señor Kurt Hoffmann, que nos ha apoyado en nuestro trabajo desde las primeras páginas con sus consejos y sugerencias. También agradecemos el apoyo prestado por la empresa Robert Bosch GmbH, que ha puesto a nuestra disposición las herramientas y máquinas necesarias.

Un agradecimiento especial merecen mis colaboradores en la Universidad: Hans-Joachim Heyer, encargado del taller de fotografía y Susanne Schmidt, encargada del taller de diseño gráfico y reprografía, por la magnífica interpretación fotográfica de los trabajos escolares, por la documentación fotográfica y por el asesoramiento gráfico.

Me alegra que este libro haya despertado el interés de los lectores de habla española y les deseo que la construcción de maquetas les reporte grandes satisfacciones y éxitos.

Stuttgart, septiembre de 1991
Wolfgang Knoll

1 Introducción

El punto de partida de todo proyecto arquitectónico, como siempre, es una tarea impuesta. El arquitecto ha de solucionar esta tarea y su programa correspondiente con fantasía e ideas propias. Esto significa que la arquitectura no consiste sólo en crear espacios para un determinado uso y con ello permitir la realización de las actividades deseadas, sino que también ha de considerar las cualidades plásticas del espacio. En este sentido la arquitectuca es un arte que interpreta el espacio.

El espacio arquitectónico surge de las relaciones entre volúmenes, planos y líneas, o dicho «arquitectónicamente», entre cuerpos, superficies y barras. El tema central de la proyectación arquitectónica consiste en dar forma a dichos cuerpos, láminas y barras y yuxtaponerlos según cual sea la función a satisfacer. El proyecto arquitectónico ha de entenderse como un proceso, en cuyo final se encuentra la solución que al iniciarlo aún se desconocía. «La solución arquitectónica a una determinada tarea aparecerá al final de nuestro trabajo y no al principio» (profesor G. Behnisch, Conferencia pronunciada en la entrega de los premios Hugo-Häring, abril de 1989). Aquí se esconde uno de los mayores peligros de las maquetas de trabajo: su construcción ya anticipa una idea precisa del proyecto y al fijarla amenaza con detener su desarrollo en un etapa demasiado temprana.

El proyecto se realiza en dibujos y maquetas. A través de estos se puede seguir el proceso de formalización. El dibujo, a pesar de la ventaja que significa su disponibilidad inmediata y su rápida respuesta a la espontaneidad de las ideas súbitas, representada el espacio arquitectónico de una manera «abstracta» que a menudo es difícil percibir. Por el contrario, la maqueta, y sobre todo la maqueta conceptual, es la traducción inmediata de nuestras ideas sobre el espacio a una realidad concreta mediante elementos tectónicos.

El dibujo es el medio en el que piensan, trabajan y, sobre todo, sueñan los arquitectos. La maqueta —en especial la maqueta conceptual o la maqueta de trabajo— es el instrumento necesario de trabajo arquitectónico que acompaña a los croquis. Las primeras maquetas de concepto facilitan la variabilidad que nos insinúa el dibujo.

Los croquis y las maquetas de concepto dan una idea de cómo es un taller de arquitectura en el que se crean y analizan formas y relaciones formales y en el que también se comprueban y desarrollan los propios instrumentos de creación y análisis: dibujos y maquetas.

El objetivo de este libro es ofrecer una visión de este proceso, entreteniendo de paso al lector.

En algunas conferencias y publicaciones se pronostica que los ordenadores llegarán a sustituir los dibujos y las maquetas. Nuestra profesión ya no puede imaginarse sin el diseño asistido por ordenador. Sin embargo, al inicio del proceso de diseño el ordenador desempeña un papel subordinado: no pue-

2. Maquetas de trabajo realizadas con cartón ondulado, 1:200.

de reemplazar la experiencia directa con los materiales, la modelación plástica, la construcción de relaciones espaciales. Por lo tanto, el ordenador no podrá sustituir ni los croquis ni las maquetas.

Dibujar y modelar significa elaborar las bases formales del proyecto: construir un repertorio de formas.

La clasificación tipológica de las maquetas se basa en una reducción a los elementos tectónicos básicos —cuerpos, superficies y barras— y a las relaciones entre ellos.

Las maquetas se empiezan a construir elaborando cuerpos, superficies y barras con diferentes materiales a una determinada escala; éstos son los elementos básicos cuya combinación se examina en un modelo tridimensional. Al mismo tiempo, cada maqueta, junto con los planos y la obra realizada, constituye una realidad propia y en consecuencia está sometida a unos criterios formales artísticos. La maqueta arquitectónica fija un nivel del proyecto e ilustra de manera plástica la «idea». Además de esta tarea «utilitaria», la maqueta también es por sí misma una labor de diseño, en la que se moldean determinados cuerpos, superficies y barras y se ponen en relación con el relieve topográfico. Los elementos de la maqueta pueden describirse según diferentes propiedades (que a su vez dependen del proyecto arquitectónico): forma, tamaño, orientación (situación), color y textura de las superficies. Manejando estas cinco variables pueden conseguirse contrastes de forma, posición y color que introducen en la maqueta las tensiones que responden a la idea arquitectónica. Por esto también es posible, y muchos concursos y proyectos escolares lo demuestras, que la maqueta —como ya se ha dicho— constituye una realidad propia que a veces poco tiene que ver con la realidad arquitectónica. La maqueta, al igual que los dibujos, es una reproducción abstracta del proyecto.

El motivo debido al cual no sólo el espectador normal, sino también el profesional, es seducido a menudo por una maqueta que luego es incapaz de reconocer en la obra construida, hay que buscarlo en las discrepancias entre la realidad de la maqueta y la realidad del proyecto construido.

3. Maqueta de un edificio, 1:100. Estructura: cartón pluma; fachadas: papel de color, metacrilato y poliestireno gris; carpintería: «letraline»; barandillas: alambre. Las fachadas se han pegado con cola de impacto a la estructura portante.

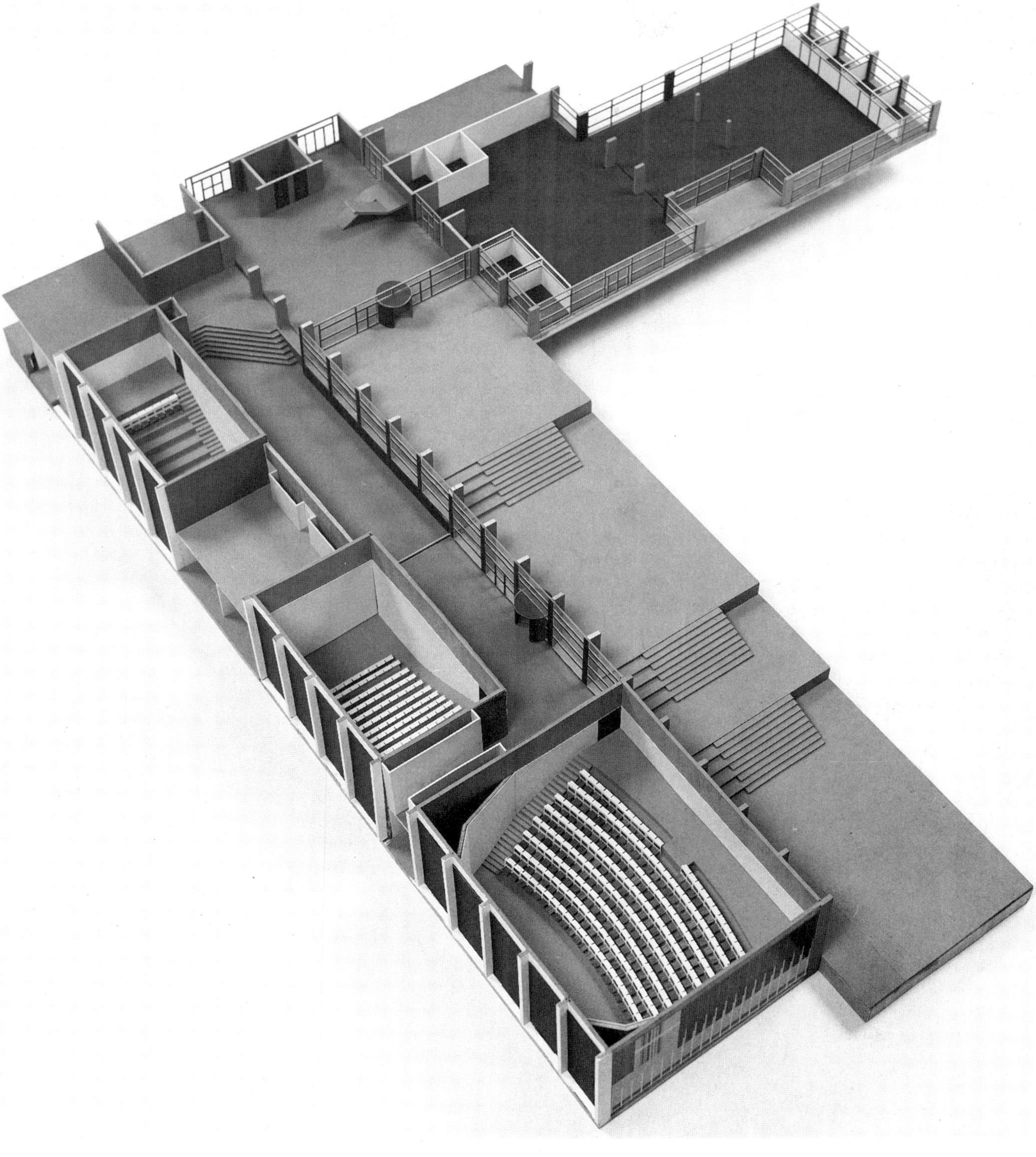

4. Maqueta de trabajo y presentación, 1:50. En la maqueta se analizan las pruebas de color y diferentes posibilidades de como colocar el mobiliario. Base: tablero aglomerado de madera de 16 mm de espesor; suelo y paredes: madera contrachapada de 5 mm de espesor; pilares: madera maciza; fachadas: metacrilato; despiece de la carpintería: «letraline»; papel de color.

2 Tipología

Por lo general, en las maquetas se emplean cuerpos, superficies y barras. Estos elementos básicos volumétricos, planimétricos o lineales se utilizan, por ejemplo, para representar edificios en una maqueta urbanística, fachadas y muros en una maqueta de la sección de un edificio, y pilares o mallas espaciales en la maqueta de una estructura.

Según el tipo de elaboración podemos distinguir fundamentalmente entre modelos volumétricos, modelos planimétricos y modelos lineales. Entre estos tres grupos existen diferentes tipos de transición.

Elemento:	volumen	plano	línea
Elemento tectónico:	cuerpo	superficie	barra
Tipo de maqueta:	volumétrica	planimétrica	lineal
Relación entre elementos:	cuerpo/espacio cuerpo/cuerpo cuerpo/superficie cuerpo/superficie/barra	superficie/espacio superficie/superficie superficie/barra	barra/espacio barra/barra cuerpo/barra

En consecuencia, el primer paso elemental en la construcción de una maqueta consiste en realizar, dar forma y fijar la textura superficial de cuerpos, superficies y barras. A esto se le añade la posibilidad de buscar objetos encontrados, los llamados «ready-mades», reinterpretarlos e incorporarlos a la maqueta o construir con ellos el modelo como si se tratase de un collage.

Si consideramos el ámbito en que se utilizan maquetas como medio para analizar las formas y las relaciones formales podemos clasificar los modelos arquitectónicos en tres grupos: las maquetas topográficas, las maquetas de edificación y las maquetas especiales. Las maquetas topográficas incluyen las maquetas de paisajes, terrenos y jardines. El grupo de las maquetas de edificación puede subdividirse en maquetas de urbanismo, de edificios, de estructuras, de espacio interiores y de detalles. Bajo el nombre de maquetas especiales entendemos aquellas maquetas de elementos especiales de diseño, como por ejemplo los muebles. Respecto a su construcción todas las maquetas se distinguen según sean volumétricas, planimétricas o lineales o una determinada combinación entre ellas. A esto hay que añadir que se pueden construir maquetas durante tres etapas distintas en el proceso del proyecto y por consiguiente responderán a distintas necesidades, por ejemplo, como ayuda a un estudiante durante el desarrollo de un proyecto, como documento de trabajo de un concurso, como objeto de exposición o como objeto representativo para una empresa de construcción.

La clasificación tipológica de las maquetas es la siguiente:

Maquetas topográficas
— maquetas de un terreno (aptdo. 2.1.1)
— maquetas de un paisaje (aptdo. 2.1.2)
— maquetas de un jardín (aptdo. 2.1.3)

Maquetas de edificación
— maquetas de urbanismo (aptdo. 2.2.1)
— maquetas de un edificio (aptdo. 2.2.2)
— maqueta de una estructura (aptdo 2.2.3)
— maquetas de un espacio interior (aptdo. 2.2.4)
— maquetas de detalles (aptdo. 2.2.5)

Maquetas especiales
— maquetas de diseños (aptdo. 2.3)
— maquetas de muebles (aptdo 2.3).

Las maquetas forman parte del proceso de diseño y esto quiere decir que representan siempre momentos modificables del proyecto. También las maquetas de presentación, a pesar de su precisión, sólo explican una determinada fase del proyecto y aunque se hayan construido como documento para tomar una decisión en la presentación de un proyecto, sería absurdo deducir de ello que la maqueta presentada ha de ser idéntica a la obra construida. Hay que decir que en las últimas fases de elaboración de un proyecto las maquetas apenas son de utilidad a excepción de las maquetas de detalles (en las que pueden estudiarse, por ejemplo, elementos de la fachada o la forma de una escalera), maquetas de una estructura (para elaborar alternativas) y maquetas de espacios interiores (para comprobar el efecto de colores y texturas de los materiales). Por último, también se construyen maquetas para explicar un edificio histórico con fines de representación o para montar una exposición.

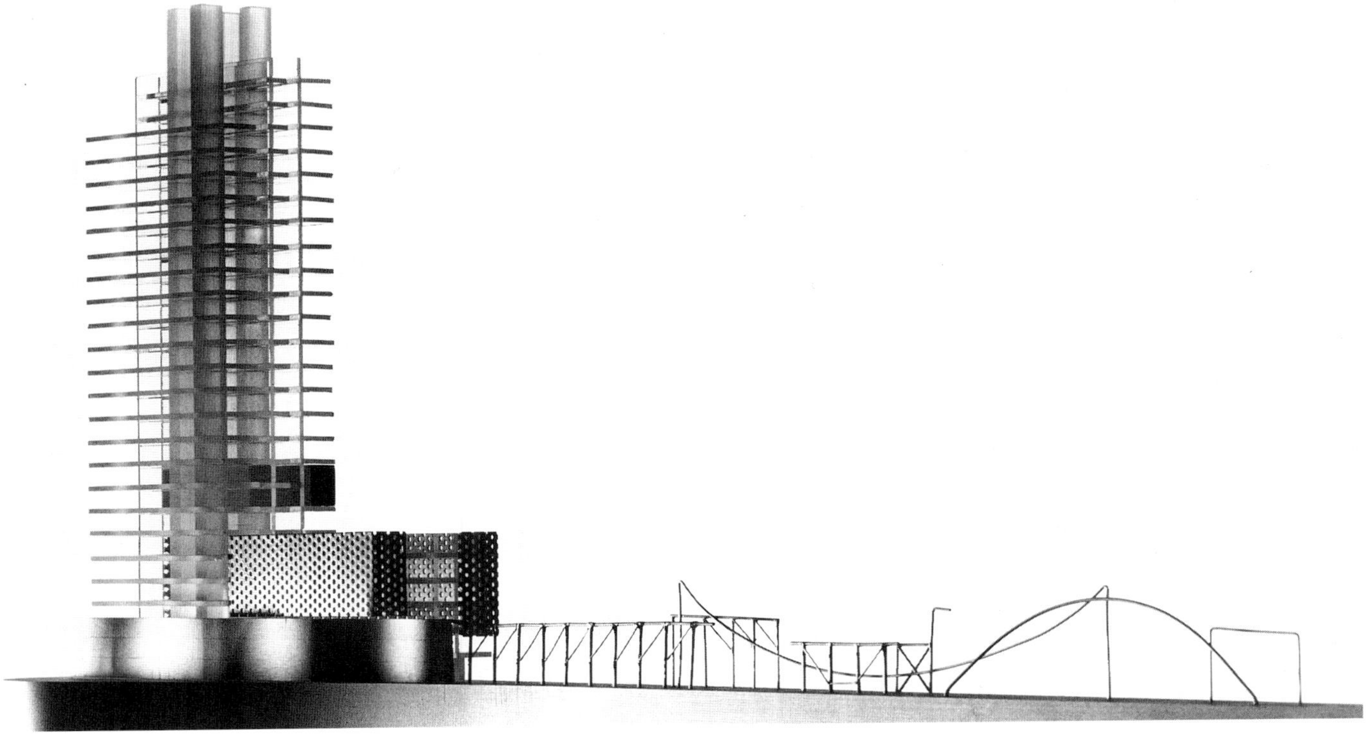

5. Maqueta de una torre, 1:500. Forjados: placas transparentes de metacrilato; núcleo de servicio: metacrilato pulido mate; zócalo de la fachada: plancha perforada de aluminio pintada de blanco; estructura exterior: alambres soldados.
En la maqueta se refleja con claridad el fuego de volúmenes, superficies y líneas.

Estas maquetas se realizan durante tres fases diferentes de un proyecto:

1.ª fase:	anteproyecto	croquis de la idea básica maqueta de concepto
2.ª fase:	proyecto	proyecto básico maqueta de trabajo
3.ª fase:	ejecución	proyecto de ejecución maqueta de ejecución

Las maquetas deben cumplir unas necesidades diferentes en cuanto a representación de los materiales y precisión de los detalles se refiere, según el nivel de desarrollo en que se encuentre el proyecto. Para construir maquetas de concepto no se necesitan máquinas ni herramientas especiales, pero el material a emplear ha de conseguirse con rapidez y modelarse con facilidad. En las maquetas de trabajo será posible intercambiar los volúmenes, aunque algunos rasgos formales ya estén muy trabajados. En las maquetas de ejecución el proyecto alcanza una expresión unívoca. Además, la maqueta realizada durante esta última fase ha de satisfacer las exigencias inherentes a toda «labor de diseño»: los colores y los materiales de la maqueta se han de elegir intencionadamente. Las relaciones y contrastes entre los materiales traducen y acentúan las relaciones espaciales planteadas en el proyecto. Por último, en las maquetas de ejecución se han de incorporar leyendas que indiquen la escala y la orientación (el norte geográfico). En una maqueta de ejecución debería plantearse, incluso antes de empezar a construirla, cómo se va a transportar y empaquetar. En función de los objetivos a alcanzar y de los materiales a emplear será preciso utilizar más herramientas y máquinas, lo cual planteará requisitos especiales para su construcción.

De forma resumida, las diferentes fases del proceso de proyectación pueden caracterizarse de la siguiente manera:

Requisitos en cuanto a:	Fase de elaboración del proyecto		
	maqueta de concepto	maqueta de trabajo	maqueta de ejecución
materiales	sencillos de modelar; rápidamente disponibles.	modificables con facilidad; durabilidad limitada.	larga durabilidad; estables a la luz; transportables.
herramientas	sencillas, pero de buena calidad.	sencillas y especiales; es necesario cierta práctica antes de utilizarlas; de muy buena calidad.	adecuadas al tipo de maqueta; complicadas; es imprescindible cierta práctica; de muy buena calidad.
	Todas las herramientas deberían ser de muy buena calidad		
máquinas	sólo necesarias en casos excepcionales.	en parte necesarias (equipo básico); es conveniente cierta práctica.	según el tipo de maqueta se necesitan máquinas especiales; es imprescindible cierta práctica.
	Todas las máquinas deberían ser de muy buena calidad		
lugar de trabajo	mesa de dibujo con base para trabajar o mesa de trabajo junto a la mesa de dibujo	mesa de trabajo, con conexión eléctrica para máquinas, junto a la mesa de dibujo	mesa de trabajo con conexión eléctrica para máquinas; es preferible tener una sala específica.
	Cerca del lugar de trabajo debería haber: — un botiquín de primera ayuda — unas gafas de protección — una conexión eléctrica, preferiblemente en la misma mesa de trabajo. El lugar de trabajo debería estar bien iluminado y tener una buena ventilación.		

De la superposición de grupo de maquetas, tipo de modelo y estadio de elaboración del proyecto resulta una tipología de la que aquí se describirán con mayor precisión los grupos 2.1 maquetas topográficas y 2.2 maquetas edificatorias. A continuación se explicarán la técnica de construcción, los materiales y las herramientas referidas a ambos grupos de maquetas.

2.1 Maquetas topográficas

Las maquetas topográficas se utilizan para reproducir un terreno existente, un jardín y un paisaje natural o diseñado. A esto se le añade la representación de espacios urbanos como, por ejemplo, parques, campos de juego y cementerios. La reproducción a escala de calles y plazas pertenece tanto a este grupo como al de maquetas de edificación. A las maquetas topográficas les corresponde —además de la representación de la vegetación (árboles, arbustos, bosques) y la reproducción del relieve del terreno con rocas, acantillados, valles y promontorios— la representación de la clase de superficie y de elementos que dan una idea de la escala como, por ejemplo, personas, automóviles y mobiliario urbano. Estos elementos se fabrican a todas las escalas desde 1:2500 hasta 1:50. Mientras que las maquetas de un terreno son fundamentalmente una representación a escala del entorno y de los elementos existentes y por lo general se utilizan como base para colocar el proyecto de un edificio, las maquetas de una paisaje o de un jardín recogen en primer lugar la descripción de las cualidades espaciales del entorno. En las maquetas de un jardín solemos trabajar a una escala grande para que se pueda entender, además de la vegetación y la forma del suelo, el tipo de revestimiento del suelo. Hay que señalar que en el estadio al que corresponde la maqueta de concepto son poco frecuentes las maquetas topográficas. Las maquetas de un terreno casi siempre se construyen como maquetas de trabajo modificables, que han de continuar sirviendo a medida que evoluciona la idea del proyecto.

2.1.1 Maqueta de un terreno

La maqueta de un terreno muestra las características topográficas, la forma del terreno y la alteración ocasionada por el nuevo proyecto. En la maqueta de un terreno se representan las superficies construidas y las ajardinadas, las vías de circulación y las láminas de agua, así como los árboles y grupos de árboles más importantes.

Maqueta de concepto
Las maquetas de un terreno realizadas sobre una base, encima de la cual se construye una maqueta de concepto, son muy poco frecuentes. Si durante esta fase se construye una maqueta del terreno, su realización debería satisfacer los requisitos de una maqueta de trabajo. La exigencia más importante es que la forma del terreno pueda modificarse con facilidad. Ha de ser posible modelar los rasgos más característicos. En principio, en una maqueta de concepto el terreno se ha de representar como una superficie horizontal o plana.

Maqueta de trabajo
Reproducción a escala de la forma del terreno con situación de los caminos existentes y definición de las superficies según se destinen a la construcción, a la circulación o al ajardinamiento con inclusión de los elementos más representativos, como árboles. La maqueta puede seguir desarrollándose hasta convertirla en una maqueta de ejecución y para ello ha de ser posible modificar la forma del terreno.

Maqueta de ejecución
Expresión definitiva de la topografía, accesos, superficies destinadas a la circulación y al ajardinamiento. Representación de

los árboles y grupos de árboles existentes y de nueva plantación. La calidad de ejecución de la maqueta y el efecto que ha de producir han de responder a la utilización prevista.

2.1.2 Maqueta de un paisaje

Bajo la denominación de maqueta de un paisaje entendemos la representación de las formas de un paisaje a escala 1:500, 1:1000, 1:2500 y excepcionalmente a escala 1:5000. En estas maquetas se representan las superficies destinadas a la circulación, las zonas verdes, los bosques, la vegetación arbustiva y la edificación existente mediante volúmenes sencillos. El aspecto más importante de una maqueta de este tipo es poner de manifiesto los espacios paisajísticos y las formas del suelo relacionadas con ellos, así como representar los hitos más característicos tanto de la vegetación, como torres de vigilancia, presas hidráulicas, postes eléctricos de alta tensión, etc. En las maquetas de un paisaje pueden incorporarse conjuntos de edificios como volúmenes sencillos. Las maquetas de paisajes las necesitamos, por ejemplo, para proyectar grandes parques, zonas de ocio en las cercanías de ciudades, etc.

Maqueta de concepto
Sobre la base de una maqueta del terreno (realizada como una maqueta de trabajo) configuramos con medios sencillos los espacios paisajísticos. Ha de ser posible modelar el terreno.

Maqueta de trabajo
Representación más detallada, aunque modificable, de la forma y tamaño de cada uno de los espacios y las relaciones existentes entre ellos. Datos precisos sobre la orientación y las visuales existentes.

Maqueta de ejecución
Datos concretos y definitivos sobre las características de cada uno de los espacios, de la vegetación y de su relación con la edificación existente y proyectada.

6. Maqueta conceptual del terreno. Mediante malla de alambre, papel, engrudo, pintura de color y «objetos encontrados» como latas, tornillos, piedras y ramas se reproduce la primera impresión del terreno y se estudia lúdicamente su deformación.
7. Base universal para maquetas topográficas. Está formada por una plancha perforada según una retícula de 11 × 11 cm en la que se introducen varillas con un pequeña soporte cuadrado soldado en sus extremos y unas arandelas de goma para graduar la altura. Encima puede modelarse el relieve del terreno, por ejemplo, con «papier maché».
8. Maqueta de presentación de un terreno, 1:100. La forma del terreno se ha reproducido con superficies inclinadas; las terrazas superponiendo capas; los árboles son de papel de color. Madera contrachapada de 4 mm de espesor, «styrodur», cartón y alambre.

2.1.3 Maqueta de un jardín

Denominamos maqueta de un jardín a la representación parcial de la maqueta de un paisaje a mayor escala: 1:500, 1:200, 1:100 y, en casos excepcionales, a escala: 1:50. Estas maquetas se realizan cuando se trata de proyectar las superficies libres de un barrio, de una pequeña urbanización o determinados espacios urbanos. En consecuencia, se representan los caminos peatonales, las zonas de juegos para niños, los campos de deporte, las zonas de acampada, las piscinas al aire libre, las instalaciones deportivas así como los cementerios, los jardines botánicos y zoológicos, los teatros al aire libre, los parques, los jardines históricos, las terrazas y cubiertas ajardinadas, las zonas peatonales, los patios interiores y las plazas. En estas maquetas pueden verse pequeños elementos constructivos como fuentes, monumentos, torres panorámicas, etc. El aspecto más importante consiste en representar la modulación y diseño del suelo, de la vegetación, de los caminos y las plazas. Además, se han de incorporar elementos que faciliten la comprensión de la escala empleada como, por ejemplo, personas, automóviles, mobiliario urbano, farolas, etc. En determinados proyectos se ha de relacionar la maqueta de edificación con la maqueta del jardín. En este caso los elementos

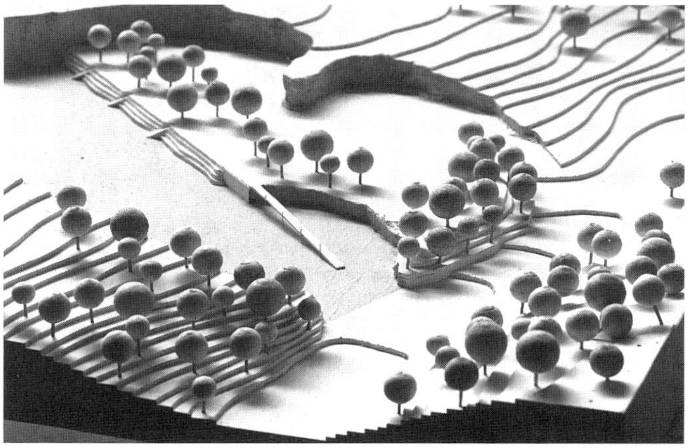

9. Maqueta de concepto de un paisaje reproducido con objetos encontrados.
10. Maqueta de trabajo de un paisaje, 1:500. Base de madera aglomerada; los estratos del terreno son de cartón gris (capas macizas); los árboles son esferas de papel.
11. Maqueta de ejecución de un paisaje, 1:100. Cartón ondulado, madera maciza, musgo islamond.

de ambas maquetas han de concordar para poder integrarlos en un sólo modelo.

Maqueta de concepto

Sobre la base de una maqueta detallada del terreno, pero aún modificable, se trata aquí de modelar con medios sencillos el suelo, los caminos y la forma del espacio. Se examinan las relaciones espaciales, los posibles puntos de vista privilegiados y las visuales dominantes. Los elementos más significativos como monumentos, pozos, torres o arboledas, se ponen en relación entre sí, representándolos con materiales modelables u objetos encontrados (ready-mades, apartado 3.1.9). La edificación existente también se incorpora a la maqueta. Aparte de los croquis se necesitan planos topográficos y fotografías del estado actual del lugar.

12. Maqueta de ejecución de un jardín, 1:100. Base de madera aglomerada de 10 mm de espesor. El terreno se ha reproducido con yeso, el mobiliario se ha construido con madera de balsa pintada de color blanco y la vegetación se ha representado con flores secas.
13. Maqueta de trabajo de un jardín, 1:200. Base de madera aglomerada de 10 mm de espesor. Los estratos del terreno se han construido con láminas de cartón de 1,5 mm de espesor sobre las que se ha moldeado el relieve topográfico con plastilina. Edificios: madera de tilo; vegetación: musgo islamond; estructura: alambre soldado.
En la maqueta puede examinarse la configuración plástica del suelo.
14. Maqueta de ejecución de un jardín, 1:200. Base: tablex de 13 mm de espesor; terreno y edificios: cartón gris en el que se han recortado las ventanas y las arcadas; los árboles y arbustos del jardín son cilindros y esferas de madera maciza; las superficies inclinadas también son de cartón gris.

Maqueta de trabajo
Datos más exactos y representación del tipo de vegetación, distinción entre superficies destinadas a circulación y a zonas verdes. Representación detallada de la edificación y su relación con el entorno. La maqueta ha de permitir que se efectúen modificaciones; los edificios y elementos constructivos como fuentes, monumentos, etc. han de poderse cambiar de sitio. Los lugares donde se ha de colocar la nueva vegetación aún se han de elegir libremente. En la maqueta de trabajo también se han de analizar los tipos de materiales y su color y textura con vistas a construir la maqueta de ejecución.

Maqueta de ejecución
Reproducción precisa de la vegetación, uso de cada una de las superficies y clases de materiales, así como su influencia en la configuración del espacio del jardín, utilizando para ello los materiales más adecuado. Representación detallada de los edificios, su relación con el entorno y la delimitación del terreno.

La maqueta de ejecución no ha de ser modificable y muestra el estado final del proyecto.

2.2 Maquetas de edificación

El grupo de maquetas de edificación se divide en maquetas de urbanismo, maquetas de edificios, maquetas de estructuras, maquetas de espacios interiores y maquetas especiales. Todas tienen en común que describen en primer lugar cualidades espaciales, plásticas y constructivas de un edificio. Además, se presta un cuidado especial a los siguientes aspectos:

La incorporación de la edificación proyectada en el entorno existente. Con esto se entiende su integración en la maqueta del terreno. En ésta se han representado las características topográficas, como el relieve, la vegetación existente y el tipo de superficie (véase más adelante). Además, la maqueta de edificación muestra el edificio existente al que se han de incorporar los nuevos edificios proyectados. También se han de representar las características más importantes de la circulación en las inmediaciones. Según el objetivo fijado al construir la maqueta, se prestará mayor atención a los aspectos plásticos y espaciales de la forma, a la organización funcional o a

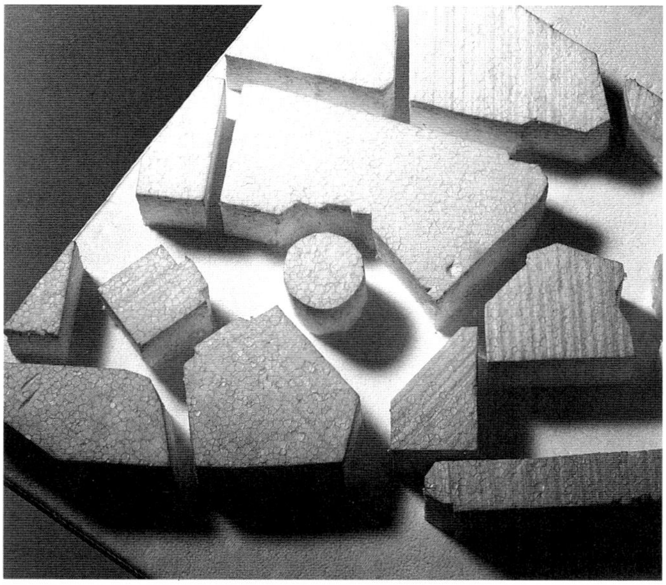

15. Maqueta de ejecución de un jardín, 1:200. Base: tablex de 13 mm de espesor; terreno: cartón recubierto con arena y pintura de color blanco; árboles: esferas de madera pintadas a pistola de color blanco.
16. Terreno: «styropor» rejuntado con yeso y pintado de color blanco; edificios: chapa de acero; estructura: malla de alambres soldados; árboles: papel de seda sobre varillas de madera.
17. Maqueta de concepto urbanística, 1:500. Volúmenes construidos con «styropor» cortado con una sierra térmica.

las características constructivas. Las siguientes propiedades pueden tener una importancia especial según la maqueta:

- Forma
  1. Relaciones entre la forma de los edificios
  2. Forma y tamaño de cada uno de los espacios
  3. Luz y tipo de iluminación
  4. Tipo de textura, color y material
  5. Relaciones visuales
- Función
  1. Ordenación de los edificios y espacios exteriores
  2. Delimitación de los espacios interiores y exteriores
  3. Uso
- Construcción

La subdivisión en maquetas de urbanismo y de edificios depende sobre todo de la escala elegida. En el ámbito de las maquetas urbanísticas (escalas 1:1100 y 1:500 y en casos excepcionales 1:200) se representan los grupos de edificios y las diferentes relaciones entre ellos mediante volúmenes sencillos. En cambio, en las maquetas de edificios se enfatizan sus cualidades constructivas, formales y funcionales. Según la escala elegida se reproduce todo el edificio o sólo un detalle o parte del mismo.

2.2.1 Maquetas de urbanismo

Las maquetas de urbanismo suelen construirse sobre la base proporcionada por las maquetas topográficas. La maqueta de urbanismo se utiliza por un lado como maqueta de conjunto y situación general (escalas 1:1100 a 1:500) o se limita a mostrar sólo una parte (escalas 1:500 a 1:200). Mientras que en el campo del diseño urbano (plazas, calles, pasajes) se necesita trabajar con maquetas a mayor escala (1:100 hasta 1:50), en las maquetas de conjunto, cuando se trata de estudiar planes de ordenación, también se utilizan escalas inferiores a 1:1000 (1:2500).

Maqueta de concepto
La misión de una maqueta de urbanismo consiste en ofrecernos una primera idea sobre la importancia del volumen edificado, su distribución sobre el territorio y la existencia de espacios urbanos. Sobre la base de una maqueta topográfica pueden comprobarse con facilidad las hipótesis espaciales y

18. Maqueta de ejecución urbanística, 1:500. Base: tablex de 13 mm de espesor; terreno: cartón doble; edificios: cartulina blanca; árboles: papel de seda sobre muelles de acero.

funcionales mediante materiales fácilmente modelables y objetos encontrados.

Maqueta de trabajo
La maqueta de trabajo muestra, por un lado, las preexistencias inmodificables realizadas con la calidad propia de una maqueta de ejecución y, por otro lado, nos permite alterar y modificar los elementos a proyectar. La edificación ya planificada tendrá una forma más concreta. Las alternativas se construyen como modelos que puedan añadirse.

Maqueta de ejecución
La maqueta de ejecución refleja de manera precisa y detallada la integración definitiva de la edificación proyectada en el territorio existente.

19. Maqueta urbanística de trabajo, 1:500. Base: madera aglomerada de 10 mm de espesor; estratos del terreno: cartón pluma; edificios: madera maciza; árboles: lana de acero. Como el terreno está construido con capas macizas puede modificarse en cualquier momento.
20. Maqueta urbanística de ejecución, 1:500. El proyecto se ha incorporado a una maqueta de yeso. Los edificios son de metacrilato, las fachadas de poliestireno y los árboles de papel.
21. Maqueta urbanística, 1:200. Base: tablex 150/85 cm de 19 mm de espesor; estratos del terrenos: capas de cartón macizo; estructura de los edificios: metacrilato; fachadas: poliestireno de un milímetro de grosor en el que se han recortado las ventanas y al que se ha pegado papel de color por la cara interior; superficies verdes: pintura de color gris; calles: pintura de color blanco; troncos de los árboles: alambre trenzado; copas de los árboles: espuma rígida.

2.2.2 Maqueta de un edificio

En función de la solución prevista a una determinada tarea, las maquetas de un edificio se realizan, por lo general, a escala 1:500 o 1:200 para poder incorporarlas en otra maqueta de base, ya sea de urbanismo o topográfica. A escala 1:200 ya se pueden concentrar los detalles formales del edificio. Cuando las maquetas se realizan a escala mayor (hasta 1:50), suelen limitarse a representar el edificio sin el entorno. En las maquetas de un edificio se muestran los elementos más significativos de la fachada y de la cubierta, la configuración plástica del edificio, la conexión al terreno y la edificación circundante. Las fachadas o una parte de ellas pueden ser transparentes y de esta manera dejar que se vean los espacios interiores. Las fachadas o la cubierta también pueden construirse de manera que puedan extraerse para mostrar la organización del espacio interior. También es posible construir la maqueta por pisos para que éstos puedan verse.

Maqueta de concepto
La maqueta de concepto muestra con medios sencillos y materiales fácilmente modelables el efecto plástico y espacial mediante contrastes en la forma, tamaño, orientación, color y textura. La característica fundamental es la espontaneidad de su realización y la facilidad de modificar su composición.

Maqueta de trabajo
En la maqueta de trabajo analizamos las relaciones plásticas y espaciales del proyecto, por supuesto, sin que los detalles formales sean definitivos. Los mismo vale para los aspectos constructivos y funcionales que se han de resolver precisamente con ayuda de la maqueta de trabajo. En ésta desarrollamos y comprobamos la relación con la edificación existente y el espacio circundante. La secuencia y forma de cada uno de los espacios obtienen una forma más clara; los cerramientos interiores y exteriores se optimizan en la maqueta estudiando diferentes variantes. Mientras que en la maqueta de concepto hemos discutido la forma global, ahora nos centramos en la forma concreta de las fachadas y de la cubierta: aberturas, voladizos, salientes, ritmo. Eligiendo los materiales adecuados y trabajando con cuidado, la maqueta de trabajo puede utilizarse como maqueta de ejecución.

Maqueta de ejecución
Las maquetas de ejecución muestran el proyecto definitivo. Por regla general se construyen con fines de presentación: para concursos, trabajos escolares y reuniones decisorias de diferentes instituciones públicas y privadas. Además de una reproducción exacta de las condiciones topográficas del entorno más inmediato y del edificio, muestran el contexto urbanístico y algunos elementos que dan una idea de la escala utilizada, como por ejemplo el mobiliario urbano, los automóviles y las personas.

2.2.3 Maqueta de una estructura

Este tipo de maquetas muestran la estructura de un edificio sin reproducir su forma global. Estas estructuras pueden servir para explicar los usos, pero sobre todo se utilizan para reflejar la construcción. Con ayuda de la maqueta de una estructura

22. Maqueta de un edificio, 1:200. El terreno se ha construido con mortero de cemento y los edificios con chapa de hierro.
23. Maqueta de un edificio, 1:50. El terreno se ha reproducido mediante un plano inclinado de cartón pluma. Estructura portante del edificio: cartón pluma; fachadas: poliestireno de 1,0 mm de grosor; ventanas: metacrilato y «letraline»; barandillas: alambres soldados.

se pueden solucionar problemas funcionales y constructivos con relaciones espaciales a menudo complicadas. La maqueta de una estructura suele construirse utilizando como base la maqueta de un terreno o de un edificio, ya que a menudo el contexto topográfico influye directamente en la forma de la estructura. Se construyen a escala entre 1:200 y 1:50.

Maqueta de concepto
Las maquetas de ideas suelen realizarse con materiales disponibles con rapidez, fáciles de modelar y también con objetos encontrados (ready-mades). Reflejan las primeras reflexiones sobre problemas aislados que afectan a la organización funcional, a la construcción y al tipo de cerramiento. A menudo, ayudan a plantear las complicadas relaciones espaciales al comienzo del proyecto. Por lo general se caracterizan por la rapidez y facilidad de modificación.

Maqueta de trabajo
Las maquetas de trabajo son básicamente modificables, pero en este caso ya suelen reflejar a menudo el estado final. En ellas es reelaboran problemas de detalle. Por lo general pueden utilizarse como maquetas de ejecución trabajándolas un poco más.

Maqueta de ejecución
Las maquetas de una estructura realizadas con gran precisión se utilizan exclusivamente con fines informativos y de presentación. Mientras las maquetas que reproducen los cerramientos se utilizan para facilitar la comprensión de un proyecto, las maquetas de una estructura también se utilizan con fines documentales o publicitarios en ferias y exposiciones.

2.2.4 Maqueta de un espacio interior

Estas maquetas suelen mostrar, por regla general, un único espacio interior o una secuencia de espacios. La misión de las maquetas de espacios interiores, realizadas a escala de 1:100 a 1:20, consiste en reflejar los problemas espaciales, funcionales y luminotécnicos. El mobiliario, los materiales y los colores se eligen a menudo con ayuda de una maqueta del espacio interior. En el marco del proyecto de un edificio se construyen maquetas de los espacios interiores más representativos, por ejemplo, vestíbulos, foyers, cajas de escaleras y salas de coferencia. En el grupo de las maquetas de espacios interiores también se incluyen las maquetas de escenografías. Las maquetas de espacios interiores sirven en primer lugar para visualizar el efecto producido por diferentes materiales y colores.

24. Maqueta de un edificio, 1:200. Base construida con cartón gris y rigidizada con costillas; superficies ajardinadas, vías de circulación y teatro al aire libre: cartón gris; edificios: cartón gris y metacrilato; enrejados: alambres soldados; árboles: lana de acero.
25. Maqueta de concepto de una escalera, 1:200. La base se ha construido con madera aglomerada y la escalera con madera de balsa.

Maqueta de concepto

Las maquetas de concepto de espacios interiores se construyen para simular de manera sencilla las cualidades del espacio. Para ello se utilizan materiales de fácil adquisición que se montan a modo de bastidor para reproducir las características de los correspondientes espacios interiores.

Maqueta de trabajo

Mediante las maquetas de trabajo se concentran y acaban de definir las ideas del proyecto sobre determinados espacios interiores. En este tipo de maquetas encontramos datos precisos, pero aún modificables, sobre los materiales, mobiliario, decoración e iluminación. Las maquetas de escenografía y bastidores sirven en este estadio del proyecto como documento de obra para el taller de teatro.

Maqueta de ejecución

Las maquetas de ejecución de espacios interiores se construyen para presentar un proyecto definitivo. Basándose en una maqueta de este tipo se discute el mobiliario entre los diseñadores y con el promotor. Estos modelos se utilizan sobre todo en el equipamiento de hospitales, hoteles, así como en el amueblamiento de teatros, conciertos y salas de congresos.

26. Base: tablero aglomerado; estructura: alambres soldados; edificación: madera de balsa; superficies superpuestas: poliestireno pintado, madera de balsa y metacrilato.

27. Maqueta constructiva, 1:33. Base de tablex y pilares de madera de álamo.

2.2.5 Maquetas de detalles

Mediante las maquetas de detalle o de una parte del edificio se diseñan elementos especialmente complicados o repetitivos. Estos detalles pueden ser de naturaleza constructiva, pero también pueden ser decorativos. Con este tipo de maquetas pueden resolverse los problemas de forma, materiales, textura de las superficies y color. Las escalas empleadas van desde 1:10 a 1:1.

Las maquetas de detalles suelen realizarse cuando existen dibujos técnicos bastante precisos de un proyecto ya maduro.

Maqueta de ejecución

En esta fase del proyecto se construyen maquetas de detalle para valorar diferentes alternativas constructivas o formales de aspectos singulares. Además, en las maquetas de detalle se estudian problemas plásticos, de colorido y de materiales. Las maquetas de detalle se realizan como alternativa a un elemento arquitectónico. El ámbito de aplicación de este tipo de maquetas abarca desde los puntos de unión de una malla espacial hasta elementos ornamentales de una fachada.

28. Maqueta de trabajo del arranque de una escalera, 1:20. Peldaños y paredes: cartón pluma.
29. Escenografía, 1:10. Cartón gris pintado de color y varillas de madera.
30. Maqueta de la habitación de un hospital, 1:10. Paredes y elementos de la fachada: cartón pluma; mobiliario: poliestireno, madera contrachapada y espuma rígida.

2.3 Maquetas especiales

El grupo de maquetas especiales abarca sobre todo el campo del diseño de objetos, es decir, el campo de los productos y muebles de diseño. La escala más habitual es de 1:10 a 1:1. Estas maquetas se construyen a menudo como prototipos durante las fases iniciales del proyecto. Sin embargo, la calidad de su construcción no se aleja mucho de la maqueta de ejecución del diseño definitivo.

31. Maqueta de un nudo de fundición para conectar varillas de acero, a escala 1:1. Madera de tilo y madera contrachapada pintadas de color.
32. Maqueta de un mueble, 1:15. Columna de cajones. Madera de arce pintada.
33. Maqueta de una fachada, 1:10. Estructura portante: madera contrachapada de 10 mm de espesor; superficies exteriores: chapa de caoba; perfiles: madera de peral lacada en negro y pulida; ventanas: metacrilato; carpintería: perfiles de madera maciza.

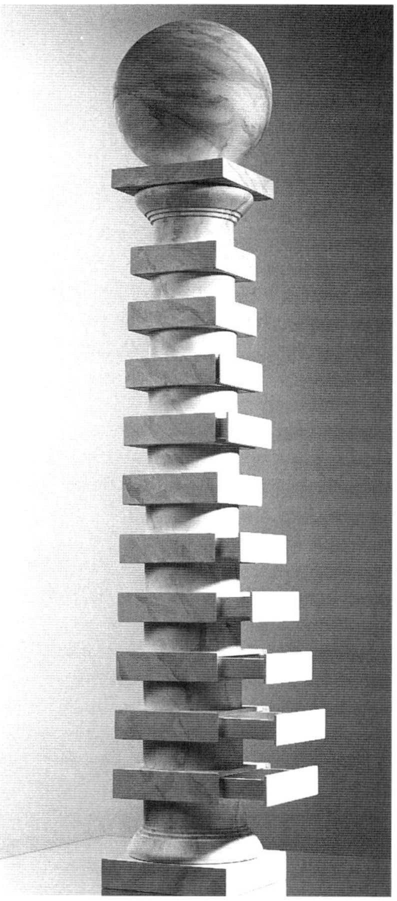

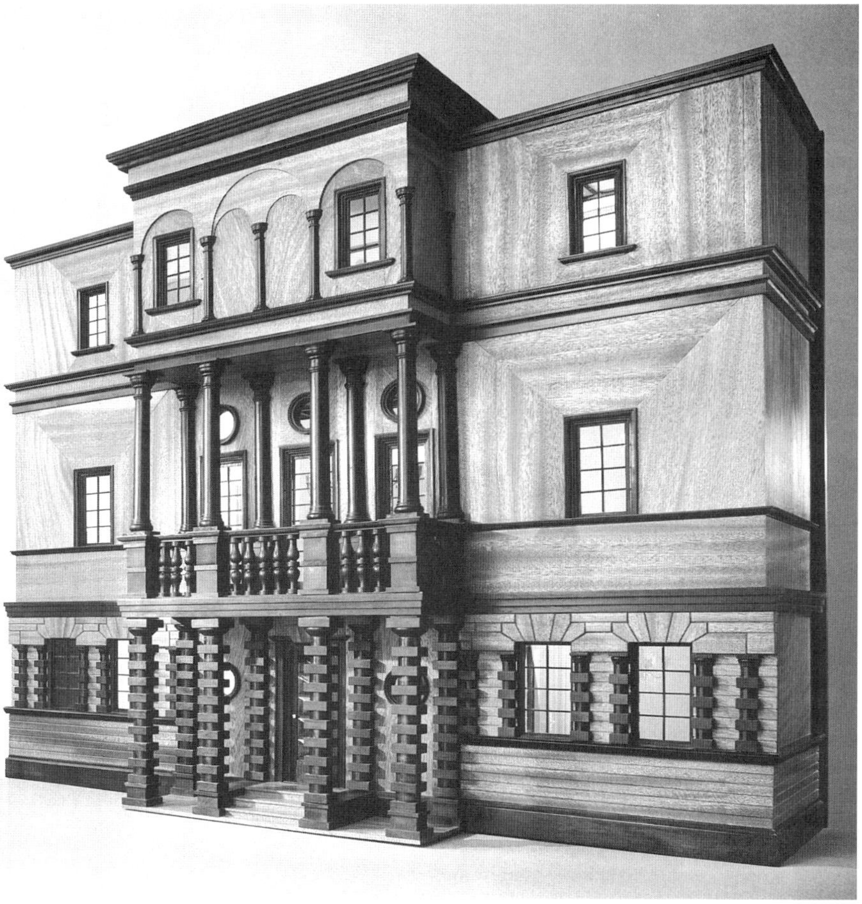

3 Material y herramientas

34. Herramientas para trabajar con papel y cartón: escuadra metálica, regla de acero, punzones, agujas, *cutters*, tijeras y pegamentos.

Para construir maquetas pueden utilizarse los materiales más diversos; la elección dependerá del nivel de elaboración en que se encuentre nuestro proyecto y de su idea básica, aunque también tienen un papel importante la escala de representación, las herramientas disponibles y la habilidad manual del constructor de la maqueta. Por encima de todo esto se encuentra la predilección personal hacia determinados materiales; dicho con otras palabras, nuestra sensibilidad —depurada por la experiencia— respecto a las posibilidades que ofrecen los diferentes materiales y el efecto producido por las combinaciones entre ellos.

¡En ningún caso es indiferente que clase de cartón se combina con según que clase de papel y que tipo de madera se combina con según que tipo de metal! Hay que pensar en el efecto que producen los materiales y en las técnicas de manipulación. El principiante debería proveerse de una colección de materiales bastante extensa y luego seguir completándola incluso con ready-mades, es decir, con «objetos encontrados» de diferentes características, que al incorporarse a una maqueta a menudo producen un efecto asombroso. Todos estos materiales han de estar a la vista y al alcance de la mano. Estimulan nuestra fantasía y nos pueden incitar a combinar materiales de manera sorprendente y, además, con acierto.

Por el mismo motivo debería prestarse atención a las buenas y atractivas maquetas realizadas por otros constructores analizando las causas de la elección de los materiales empleados y las técnicas adoptadas. Al principio se imitará una u otra técnica y con ello aumentarán nuestros propios conocimientos hasta llegar a desarrollar un «lenguaje» propio en la construcción de maquetas. Al fijar el objetivo que queremos alcanzar con nuestra maqueta ya queda determinada la dirección hacia la que nos hemos de dirigir. Aunque las maquetas sean una realidad por sí mismas, sometidas a una reglas artísticas específicas, no deberían convertirse en un fin por sí mismas.

Para trabajar cada uno de los materiales existen herramientas específicas: desde la tijera para cortar papel hasta el banco de carpintero para trabajar la madera. Siempre vale la pena comprar herramientas de buena calidad. Sólo las tijeras afiladas dejan un canto exacto. ¡Las buenas herramientas duran más aunque para ello hay que cuidarlas!

Al cortar y al utilizar máquinas eléctricas tome las debidas precauciones para evitar heridas. No se trata tanto de graves accidentes, pero piense que una pequeña gota de sangre basta para estropear una maqueta y una tirita molesta al trabajar. A menudo, el constructor principiante de maquetas infravalora las herramientas y máquinas utilizadas: al ser más pequeñas parecen menos peligrosas que las grandes máquinas de una carpintería. Las gafas protectoras y las mascarillas pueden molestar a veces, pero una astilla que se clave en el ojo puede ocasionar una lesión crónica. El polvo provocado al pulir afecta a las vías respiratorias y puede ocasionar asma. Los disolventes pueden influir en su salud, algunos son explosivos. ¡Es conveniente trabajar en un lugar con buena ventilación y procure no fumar! El endurecedor de los pagamentos de dos componentes suele ser corrosivo: unos guantes delgados evitarán el contacto con la piel.

«La práctica hace al maestro» es un aforismo que también se cumple en la construcción de maquetas. Antes de utilizar un nuevo material en una maqueta haga algunas pruebas. Del trabajo rutinario con materiales conocidos nace la aptitud para dominarlos a fondo. Esto también puede aplicarse a las herramientas y a las máquinas.

Antes de pintar se han de hacer pruebas de color y de las mezclas ha de guardarse una cantidad suficiente para recubrir con la misma tonalidad los futuros desperfectos. Las pinturas solubles al agua tienden a aclararse al secar, mientras que las lacas y los oleos tienden a oscurecerse. Para construir maquetas es mejor disponer de pequeños tubos de pintura que no grandes botes que acaban estropeándose.

3.1 Los materiales

Los materiales más importantes para la construcción de maquetas se puden dividir en once grupos:

35. Cartón microondulado, cartón ondulado sencillo, cartón finlandés, corcho, lámina bituminosa, cartón pluma y cartón gris.
36. Formas realizadas con cartulina.
37. Maqueta de concepto de un fachada, 1:50. Cartón gris, cartulina y tinta.
38. Maqueta de ejecución de un edificio, 1:200. Metacrilato, planchas de poliestireno y varillas cilíndricas.

3.1.1 Papel, cartulina y cartón

El papel, la cartulina y el cartón se emplean en todas las fases del diseño (maquetas de concepto, de trabajo y de ejecución), se pueden conseguir con rapidez, son económicos, fáciles de manipular y sencillos de modelar. En general hay que tener presentes las siguientes características (nuestra colección de materiales sólo tiene sentido si a cada material le asignamos las propiedades correspondientes):

Formato
El tamaño más frecuente de las láminas es de 70 x 100 cm o 61 x 68 cm. Mediante sucesivas particiones se pueden obtener formatos más pequeños hasta DIN A4 (210 x 294 mm). Estos formatos se suplementan con diversos formatos especiales.

Sentido de las fibras
En todos los papeles fabricados a máquina, las minúsculas fibras del papel se orientan en el mismo sentido en que avanza el material por la maquinaria durante su elaboración. Por eso es algo más rígido en sentido perpendicular al de fabricación. Los pliegues realizados en sentido paralelo a las fibras son más perfectos; al doblar el papel en sentido perpendicular a las fibras a veces se rasga, sobre todo cuando tienen un grosor mayor. Al igual que la madera, el papel «trabaja» mejor en sentido perpendicular a las fibras. El hecho de que el papel al mojarse se ondule y al secarse ya no vuelva a recuperar una planeidad perfecta se ha de tener en cuenta al pegar y al pin-

39. Grupo de árboles, 1:20. Cartón ondulado y varillas de madera.

tar. Hay algunos disolventes, como los nitrocelulósicos, que impiden que el papel se hinche.

Peso
En el comercio, el papel suele diferenciarse según su gramaje por metro cuadrado, por ejemplo, el papel más delgado para croquis tiene 25 g/m^2, el papel para escribir a máquina tiene 80 g/m^2, el papel de este libro es del 140 g/m^2. Si pesa más de 180 g/m^2 se denomina cartulina. Una hoja DIN A4 es una dieciseisava parte de un metro cuadrado. Si colocamos 16 hojas de este formato encima de un báscula de cartas leeremos el gramaje por metro cuadrado. El cartón se desgina según su grosor (véase más adelante).

Contenido en madera, amarillamiento
Durante el proceso de fabricación del papel, la materia prima, la madera, tiene que separarse en sus minúsculos vasos capilares celulares. Esto se realiza mecánicamente, convirtiéndola en viruta, o químicamente (con mayor coste económico) en celulosa. Cuanto mayor es el contenido en celulosa más resistente es el papel y menos amarillo se vuelve por acción de la luz solar. Se llama —no muy correctamente— papel sin madera aquel papel o cartulina en cuya elaboración no se han empleado virutas.

Pegamentos
El papel es de por sí absorbente (papel secante). Para que el color y la tinta no se corran se añaden determinadas colas durante el proceso de fabricación. Cuanto mayor sea el contenido en cola de un papel menos se correrá la tinta. En los papeles transparentes el color se queda en la superficie (y puede rasparse), mientras que la tinta se absorbe a mayor profundidad.

Las clases más frecuentes de papel y cartulina son las siguientes:

Papel para escribir a máquina
Por lo general tiene 80 g/m^2 y se encuentra en paquetes de 500 hojas de DIN A4 de diferentes calidades. Para construir maquetas conviene utilizar papel en cuya fabricación no se hayan empleado virutas.

Papel de croquis
El papel delgado para dibujar croquis se obtiene en rollos (30 cm de anchura y 200 m de largo = 1,5 kg) con un gramaje de 25 g/m^2.

Papel de dibujo (150 g/m^2 y 175 g/m^2) y
Cartulina (200 g/m^2, 250 g/m^2 y 300 g/m^2)
Son blancos, no contienen virutas, por lo general poseen un elevado contenido de cola y su superficie puede ser rugosa, satinada o supersatinada. Las cartulinas suelen encontrarse en láminas de 70 × 100 cm (medio formato 50 × 70 cm) o 61 × 86 cm (medio formato 43 × 61 cm). Las cartulinas aún más gruesas se clasifican según su grosor: sencilla = 0,5 mm, gruesa = 1,5 mm, supergruesa = 3 mm. Las cartulinas gruesas pueden cortarse y pegarse con gran precisión y aceptan cualquier tipo de pintura aplicada tanto a mano, como con pistola.

Cartones
Los cartones se diferencian de la cartulina blanca por su color gris, debido a su contenido en papel reciclado, o marrón, debido a su contenido en virutas sometidas a altas temperaturas.

El cartón gris es el cartón que suelen utilizar los encuadernadores: es bastante duro y puede curvarse, pero se ha de cortar con una cuchilla afilada apoyada sobre una regla (el «cartón marrón de piel» aún es más resistente). El cartón marrón elaborado a máquina a partir de virutas (o el «cartón de paja», algo más delgado) es más frágil, menos denso y por lo tanto se puede cortar con una cuchilla sin necesidad de apoyarla contra una regla. Por este motivo es un material muy apreciado para construir maquetas topográficas.

El formato más corriente es de 70 × 100 cm, también pueden encontrarse láminas de 75 × 100 cm y de tamaños más pequeños. El cartón se compra por su grosor, que va desde 0,5 mm hasta 4,0 mm. El cartón fabricado a máquina a partir de virutas de madera suele tener un espesor comprendido entre 1,05 mm y 2,5 mm.

Cartones para construir maquetas
Existen cartones para construir maquetas de diferentes marcas. Son muy ligeras, pero bastante resistentes por tener un núcleo rígido de espuma recubierto por ambos lados con cartulinas. Se corta fácilmente con un *cutter*. Esta cartulina de cubrición se vuelve de color amarillento al envejecer y por consiguiente conviene pintarla o recubrirla de alguna manera. Si las uniones se realizan por la testa (hay que vigilar que el pegamento no corra la espuma, ¡conviene hacer pruebas previas!) el núcleo de espuma queda visto en los cantos produciendo un efecto molesto (incluso si se pinta encima). Se pueden realizar ensamblajes a inglete; pero lo más conveniente es recortar la espuma junto con la cartulina de cubrición de uno de los lados y esto permite tapar con la cartulina de la otra cara la testa de la segunda lámina (ilustración 66).

Los formatos más usuales son 70 × 100 cm y 140 × 100 cm; los espesores suelen ser de 3,5 mm o 10 mm. El cartón más frecuente de este tipo se conoce con el nombre de «cartón pluma» comercializado en las marcas Kapaline o Plumacolor.

Cartón ondulado

Existen diferentes calidades de cartón ondulado. El rollo de cartón ondulado puede estar encolado por una cara o por las dos a una lámina de papel plano y en consecuencia será rígido o podrá curvarse. También existen planchas más gruesas de varias capas. Es un buen material para construir maquetas de un terreno y es bastante ligero, pero se aplasta bajo una carga excesiva. Cuanto más pequeñas son las ondas más resistente es el material.

Planchas de corcho

Podemos encontrar planchas de corcho con diferentes tonalidades, texturas y grosores, tanto en tiendas de bricolaje, como en tiendas de recubrimientos de suelos y paredes. Existen planchadas de hasta 100 × 150 cm y también rollos de varios anchos; suelen tener un grosor comprendido entre 1 y 5 mm.

Al adquirir planchas de corcho hay que prestar atención a su estructura. Si los granos de corcho son demasiado grandes molestan a la idea de escala de la maqueta a construir. Las planchas utilizadas en la industria del automóvil (como aislante) o en la medicina se adaptan muy bien a nuestros fines.

Aparte de los cartones ya mencionados existe toda una gama de productos parecidos que debido a su color, facilidad de modelaje y rigidez son muy útiles para construir maquetas como, por ejemplo, el cartón bituminoso, etc.

40. Maqueta de un espacio interior, 1:10. Base: madera aglomerada; paredes: cartón macizo recubierto con «styropor», cartón pluma.

41. Productos de espuma rígida: «styrodur», «rohacell», «styropor» y cartón pluma.

42. Maqueta de un edificio 1:200. Base: tablero de madera aglomerada; terreno: papel encolado; edificios: «styrodur».
43. Plastilina, arcilla y utensilios de madera para modelar.

3.1.2 Espuma rígida

Comercializada con las marcas Styropor (poliestireno expandido), Styrodur o Styrofoam (poliestireno extrusionado) y Rohacell (poliuretano) entre otras.

La espuma rígida suele emplearse para recortar volúmenes o superficies, sobre todo, en maquetas de concepto y de trabajo en el campo del urbanismo o cuando se han de elaborar maquetas especiales en el campo del diseño de objetos. Las espumas cuyo nombre empieza por «styro» pueden cortarse fácilmente con un cuchillo o con un alambre caliente («sierra térmica»); el trabajo de mayor precisión puede hacerse con una lima y papel de lija. El Rohacell no debería cortarse con una sierra térmica, sino con un *cutter* o una sierra sencilla. Es tan rígido que incluso se puede cepillar, perforar y pulir (¡en caso de utilizar una lijadora eléctrica es imprescindible colocarse una mascarilla!)

Necesitamos pegamentos específicos para cada producto, en caso contrario corremos el peligro que su disolvente pro-

44. Maqueta de un edificio, 1:100. La planta baja se ha recortado en un bloque de yeso.
45. Maqueta de un jardín, 1:50. Estructura inferior de apoyo: madera contrachapada; terreno: modelado en yeso armado con tela de gallinero.

duzca agujeros en la espuma. ¡Es conveniente hacer primero una prueba! Las superficies pueden pintarse con cualquier pintura soluble al agua. En caso de aplicar lacas o resinas sintéticas hay que recubrir la superficie de la espuma con una capa soluble al agua y luego pulirla.

El brillo producido por los cantos de los volúmenes de Rohacell suele molestar al fotografiar la maqueta.

Se pueden encontrar planchas de Styropor, Styrodur, y Styrofoam de 50 × 100 cm y un espesor de 10 a 100 mm.

El Rohacell se suministra en tres calidades. Planchas de 125 × 62,5 cm (de 1 a 3 mm de grosor) o de 250 × 125 cm (de 4 hasta 40 e incluso 65 mm de espesor).

3.1.3 Materiales modelables

El proyectista necesita yeso, bien para realizar correcciones o añadidos, o bien para modelar plásticamente un terreno o un objeto. Hay talleres especializados en proporcionar moldes para maquetas enteras, pero nosotros tenemos que manipular las maquetas, para modificar el terreno, marcar calles y caminos e incorporar posteriormente el modelo de un edificio.

Para construir maquetas es preferible utilizar yeso blanco de alabastro. Para amasarlo se esparce tanto yeso como sea necesario en un recipiente con agua hasta que ya no absorba más. A continuación hay que batir la mezcla durante dos minutos. Si el yeso resulta ser demasiado pétreo no puede diluirse añadiendo agua (esta mezcla no es homogénea). ¡Es este caso hay que volver a empezar repitiendo la mezcla de nuevo!

Los productos tapagrietas, las selladoras de juntas y el polvo de yeso para alisar endurecen con más lentitud. Atención: ¡un molde seco absorbe la humedad del yeso recién amasado con tanta rapidez que lo hace solidificar en seguida!

Para trabajar con un molde de yeso, éste se ha de saturar con agua con la ayuda de un pincel o de una esponja. La mezcla, una vez fraguada, puede separarse del molde con la ayuda de un cuchillo o un alambre sin que se rompa. La maqueta, una vez seca, se puede serrar, perforar, lijar, etc. Antes de rejuntar las posibles grietas debe humedecerse el yeso.

Tapagrietas

Los productos tapagrietas (polvo blanco obtenido de la celulosa) se han de utilizar de manera prácticamente igual al yeso, aunque hay que tener en cuenta que suelen endurecer más deprisa. Por eso conviene emplearlos sobre todo para arreglar desperfectos y tapar grietas. Al contrario de lo que ocurre con el yeso, estos materiales suelen menguar un poco al secar.

Arcilla, plastilina

La arcilla (barro fino) y la plastilina (mezcla de ceras, pigmentos y productos de relleno) son dos materiales fácilmente modelados y además son reciclables. Los solemos utilizar para concretar las primeras ideas de un proyecto mediante una maqueta de concepto o de trabajo. Las maquetas de arcilla se han de proteger con un plástico para evitar que el proceso de secado sea demasiado rápido.

46. Escenografía, 1:10. Estructura inferior de apoyo: «styrodur»; yeso emplastado; chapa metálica perforada; alambres soldados.
47. Maqueta de concepto, 1:500. Base: madera contrachapada de 8 mm de grosor; edificios y vegetación: plastilina.

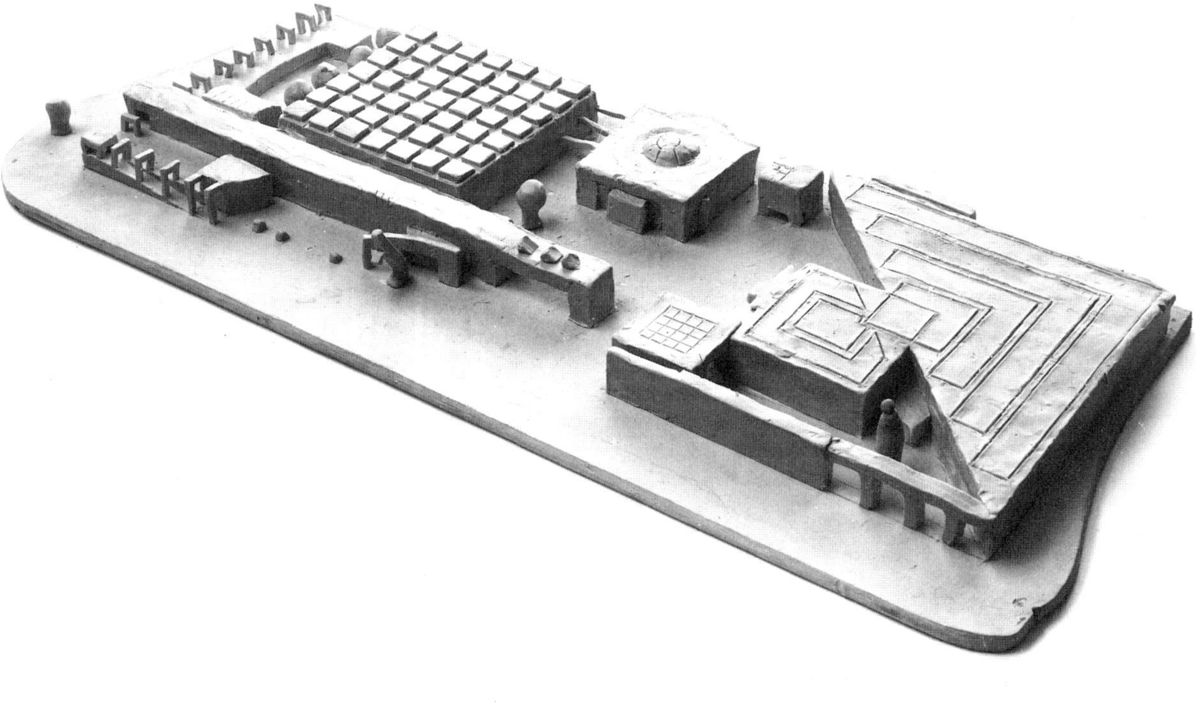

48. Escenografía, 1:50. Base: tablero de carpintero de 19 mm de espesor; construcción superior: arcilla de modelar.
49. Maqueta de un edificio y el jardín, 1:100. Base: tablero de carpintero; terreno: arcilla y paja; edificio: perfiles de latón soldados; valla: madera maciza.

3.1.4 Madera

Junto al papel y al cartón, la madera y sus derivados son los materiales más empleados en la construcción de maquetas. Los elementos realizados con madera, desde la base de apoyo hasta los detalles con varillas delgadas, son resistentes y relativamente fáciles de trabajar.

Madera maciza

La madera maciza tiene un color y una textura propios. La estructura de la madera (anillos de crecimiento, vetas, nudos, etcétera) influyen en la noción de la escala de la maqueta. Para nuestros fines es más apropiada la madera ópticamente «muerta» que la «viva». Los edificios realizados con madera a menudo se pintan, y para esto son preferibles las maderas claras a las oscuras. Los perfiles y detalles plásticos como salientes y entrantes resaltan más sobre un fondo claro; si éste es oscuro tiende a «tragarse» las sombras.

Los aspectos más importantes para trabajar la madera son la dureza del material y el sentido de las vetas. La madera de balsa se puede cortar con un *cutter*, produce un efecto algo poroso y no aguanta grandes cargas. Las maderas más duras como, por ejemplo, el peral, el arcel y el aliso se han de serrar, pero muestran una superficie lisa y continua. Entremedio se encuentran las maderas blandas como, por ejemplo, el tilo, el álamo y el pino. Los colores cubren una amplia gama desde el amarillo blanquecino (álamo, arce), pasando por el amarillo (tilo), el rojizo (peral, aliso) hasta el rojo oscuro (caoba). Todas las maderas pierden color si están expuestas a la luz del sol; en las clases más claras esta pérdida de color salta más a la vista en las clases marrones.

Podemos encontrar madera maciza en almacenes, tiendas de bricolaje y como piezas sobrantes en talleres de carpinterías y ebanistería. Lo mejor es adquirir piezas y perfiles ya cortados para simplificar su acabado posterior.

Tableros de madera

Se utilizan sobre todo como base de apoyo para la maqueta. Habría que pensar en su peso además de en su resistencia. Los tableros aglomerados y de resinas son más densos que los tableros de carpintero y contrachapados.

Tableros de carpintero

Tienen un grosor desde 13 hasta 45 mm, una anchura hasta 183 cm y una longitud hasta 510 cm. El núcleo está formado por perfiles de madera maciza, recubiertos a ambos lados con una chapa de madera encolada. Ésta puede ser de encina, caoba, haya, etc.

Tableros contrachapados

Son tableros formadas por varias chapas (de 0,2 mm a 6 mm de grosor) encoladas entre sí. El espesor de las planchas varía desde 0,4, 0,6, 0,8 1,0 hasta 15 mm, la longitud llega hasta 305 cm y el ancho puede ser de 100, 122 o 152,5 cm.

50. Maqueta de una estructura, 1:10. Madera maciza. Altura aproximada 150 cm.
51. Tipos de tableros de madera: de madera contrachapada, de madera aglomerada, de carpintero, de resinas rígidas y tablex.

Tableros de resina
Estos tableros están formados por una mezcla de trozos de madera y resinas sintéticas. En los tableros «blandos» la mezcla es más laxa y, en consecuencia, son más blandos y pesan la mitad que los tableros «duros» (peso específico entre 0,23 y 0,4 frente a 0,95 kg/dm^3). Se pueden encontrar tableros de hasta 600 × 200 cm. El grosor de los tableros blandos suele ser de 8 a 20 mm, el de los tableros duros de 2,5 hasta 6 mm.

Tableros aglomerados
Son tableros formados a base de virutas de madera y cola. Suelen ser bastante «densos» y pesados. Es más fácil trabajar con tableros que tengan un núcleo más «hueco». Se encuentran en formatos según el fabricante, de hasta 180 × 510 cm y un grosor de 6 a 30 mm.

52. Tipos de madera maciza.
53. Maqueta de urbanismo, 1:500. Base: tablero de madera aglomerada chapada, edificio: madera de álamo.

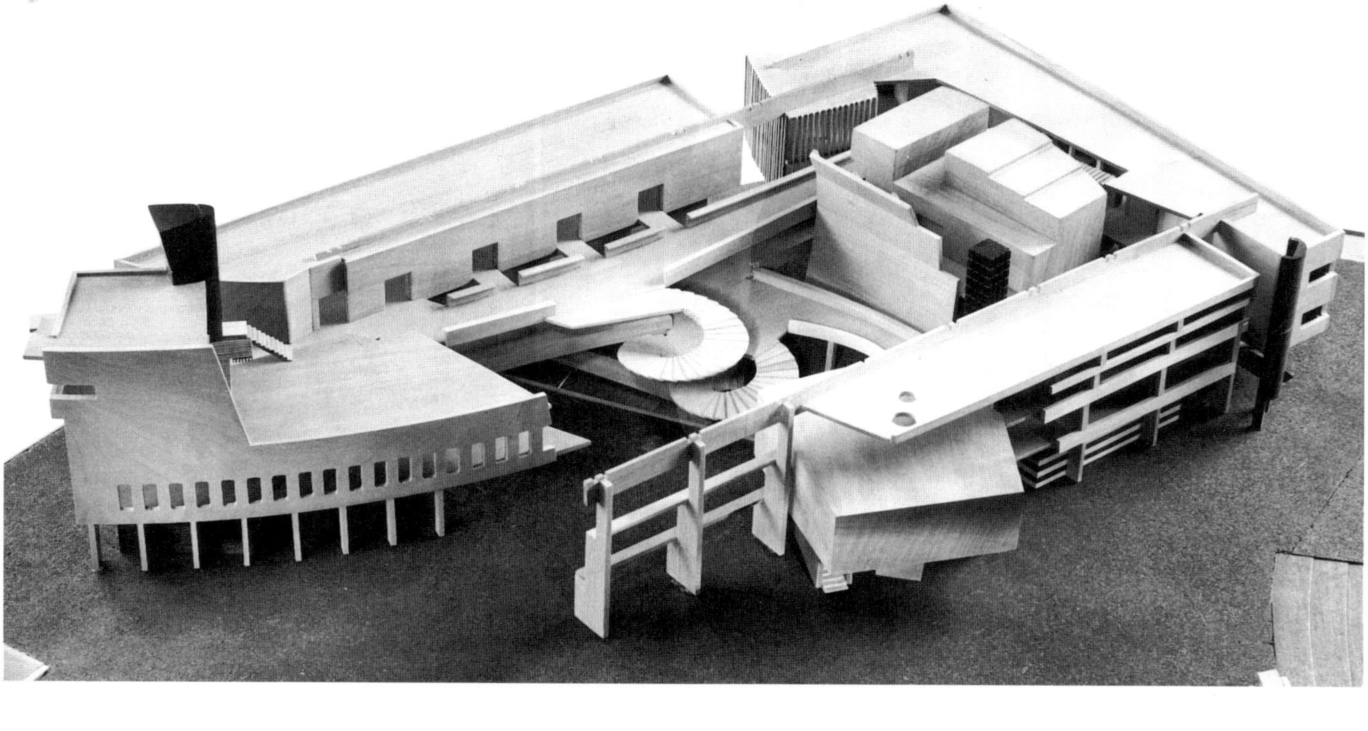

3.1.5 Vidrio

Vidrio mineral (vidrio corriente)
Es duro y frágil y apenas se utiliza para construir maquetas. Para que los cantos sean rectos se ha de cortar con un diamante apoyándolo contra una regla. El corte «silbante» con el diamante proporciona los cantos más limpios. No es necesario apretar mucho, basta con practicar una pequeña incisión homogénea a todo lo largo del corte. Conviene humedecer el corte con un poco de agua antes de golpear el vidrio desde abajo con un martillo de chapista. Colocar el vidrio con el corte hacia arriba encima de un canto recto y empujar hacia abajo hasta dividir el vidrio en dos. Los cortes con forma curva ha de realizarlos un especialista.

El vidrio más delgado tiene aproximadamente 1,8 mm de espesor y el vidrio más habitual entre 3 y 4 mm.

3.1.6 Metacrilato, poliestireno

Metacrilato
Se trata de un material sintético, comercializado con los nombres de «plexiglas», «macrolón» y «robex», de poco peso, elástico y mucho más sencillo de cortar que el vidrio mineral. Al contrario que éste se raya (se suministra con papel protector). Estos materiales pueden encontrarse con muchísimas variantes, transparente, traslúcido, opaco, en diferentes colores y texturas, pulido, rugoso, brillante, mate, etc. El metacrilato se suministra en dos calidades distintas. Según su procedimiento de elaboración se distingue entre material XT (extrusionado) y material FN (fundido). El metacrilato extrusionado, con un espesor de 1,5 a 8 mm, puede contener imperfecciones. Se adapta muy bien a nuestras finalidades. La versión fundida, de 0,8 a 250 mm de espesor, es más cara, pero en cambio es absolutamente transparente y más fácil de manipular con precisión.

Piliestireno
Es de color blanco y gris (por encargo también puede conseguirse en otros colores), se parece al metacrilato aunque es opaco. El formato de las planchas suele ser de 200 × 100 cm con un grosor de 0,5 a 10 mm.

Las planchas delgadas de estos dos materiales son excepcionales para representar fachadas, superficies de vidrio y láminas de agua. Si su grosor no sobrepasa las 3 mm se pueden cortar con un *cutter* bien afilado, haciendo varias pasadas sucesivas apoyándonos contra una regla y colocándolas luego sobre un canto recto para acabar de romperlas, empujando desde abajo una de las mitades. Este material también puede

54. Maqueta de un edificio, 1:100. Base: tablero de madera aglomerada; terreno: corcho; plaza: chapas de madera de abeto cuadradas; edificios: madera de abeto; árboles: alambres trenzados. La estructura de la madera (vetas) caracteriza intencionadamente la maqueta.
55. Maqueta de ejecución de un edificio, 1:200. Base: tablero de madera aglomerada forrado con papel de seda de color negro; edificios y objetos exteriores: madera de peral.
56. Metacrilato: planchas, tubos y varillas.
57. Base: tablero de madera aglomerada recubierto con metacrilato de color negro; estructura portante: madera de arce; módulos de viviendas extraíbles: metacrilato transparente; elementos de cerramiento: metacrilato opaco.

cortarse con sierra, perforarse y pulirse. Hay que tener cuidado con el calor producido por los aparatos eléctricos. La línea de corte no debe calentarse demasiado para evitar que el material empiece a fundirse. ¡Al trabajar con máquinas eléctricas es imprescindible colocarse unas gafas protectoras!

Sin embargo, este «ablandamiento» del material por el calor nos permite doblar láminas delgadas utilizando un secador de aire caliente (¡quitar antes el papel protector!). Gracias a su deformabilidad termoplástica también puede moldearse a elevadas temperaturas, pero éste es un procedimiento que exige una maquinaria especial y apenas se aplica en la construcción de maquetas arquitectónicas.

Para unir metracrilato existen pegamentos especiales. En caso de utilizar pegas diferentes a las recomendadas por el fabricante es aconsejable realizar unas pruebas previas. También se pueden atornillar las piezas entre sí. Las perforaciones a efectuar con un taladro han de ser lo suficientemente anchas para que al enroscar los tornillos no aparezcan tensiones. La superficie se puede rayar, lijar y volver a pulir. También se pueden practicar incisiones con una aguja de acero para marcar líneas, retículas u otros grafismos. Si estas incisiones se dejan sin tratar tendrán un color blanco; para darles otro color pueden rellenarse con pintura ayudándonos de un tapón de algodón o una gasa y a continuación, tras un breve período de secado, volver a pulir la superficie. Para que la superficie se vuelva mate, se rocía con algún ácido.

58. Maqueta de un edificio, 1:50. Base: tablero de madera aglomerada forrado con cartulina; muros y suelos: poliestireno y metacrilato; ventanas: metacrilato; carpintería de las superficies acristaladas: cinta adhesiva; barandillas: alambre acero galvanizado.
59. Maqueta de un edificio, 1:200. Base: tablero de carpintero de 19 mm de espesor forrado con poliestireno; fachadas y forjados: poliestireno (las juntas se han reproducido mediante hendiduras); ventanas y lucernarios: lámina de metacrilato de 0,8 mm de espesor; barandillas: alambre de acero galvanizado soldado; árboles: alambre retorcido con espuma rígida.
60. Maqueta de un edificio, 1:100. Base: tablero de madera aglomerada de 16 mm de espesor; terreno: tablero de madera aglomerada forrado con cartulina; superficies verticales y horizontales del edificio: metacrilato incoloro y negro forrado parcialmente con una lámina de cromo; barandillas: alambre soldado: edificación existente: cartón-pluma de 3 mm de espesor.

3.1.7 Metales

En la construcción de maquetas arquitectónicas no sólo empleados alambres, chapas, perfiles y mallas metálicas para reproducir estructuras, construcciones metálicas o fachadas, sino también para ofrecer una interpretación de nuestra idea del proyecto o conseguir un efecto especial. La base de una maqueta puede ser por ejemplo de aluminio; los suelos, paredes, cubiertas, láminas de agua o superficies de circulación e incluso edificios enteros se pueden construir ensamblando elementos metálicos de diferente color y características. Tener el alcance de nuestra mano una gran variedad de tales materiales puede estimularnos a realizar interesantes experimentos.

En este caso hay que disponer de herramientas especiales. El metal exige un trabajo de gran precisión y esto implica que los ángulos sean exactos y los cortes afilados. Para doblar y cortar metal necesitamos las tenazas y tijeras adecuadas. ¡Al serrar, taladrar o fresar hay que ponerse siempre unas gafas de protección!

Una técnica importante para ensamblar mallas, pórticos e incluso estructuras enteras es la soldadura (véase el apartado 6.4.4). Para pegar chapa metálica a otras superficies lo mejor es utilizar cola de impacto. En las superficies metálicas se pueden practicar incisiones para grabar motivos gráficos de manera parecida a como se ha explicado en el caso del metacrilato. El lijado, pulido y bruñido aumenta el efecto producido por el material. El latón y el cobre pueden colorearse con procedimientos químicos. El cincado y el cromado se han de encargar a talleres especializados.

61. Alambre, perfiles de latón, tubos y perfiles de aluminio, barras roscadas, chapa perforada de aluminio y latón, malla metálica.
62. Estructura de alambres soldados y lámina atirantada de vinillo.
63. Estructura de alambres soldados. Tamaño aprox: 60/15/60 cm.

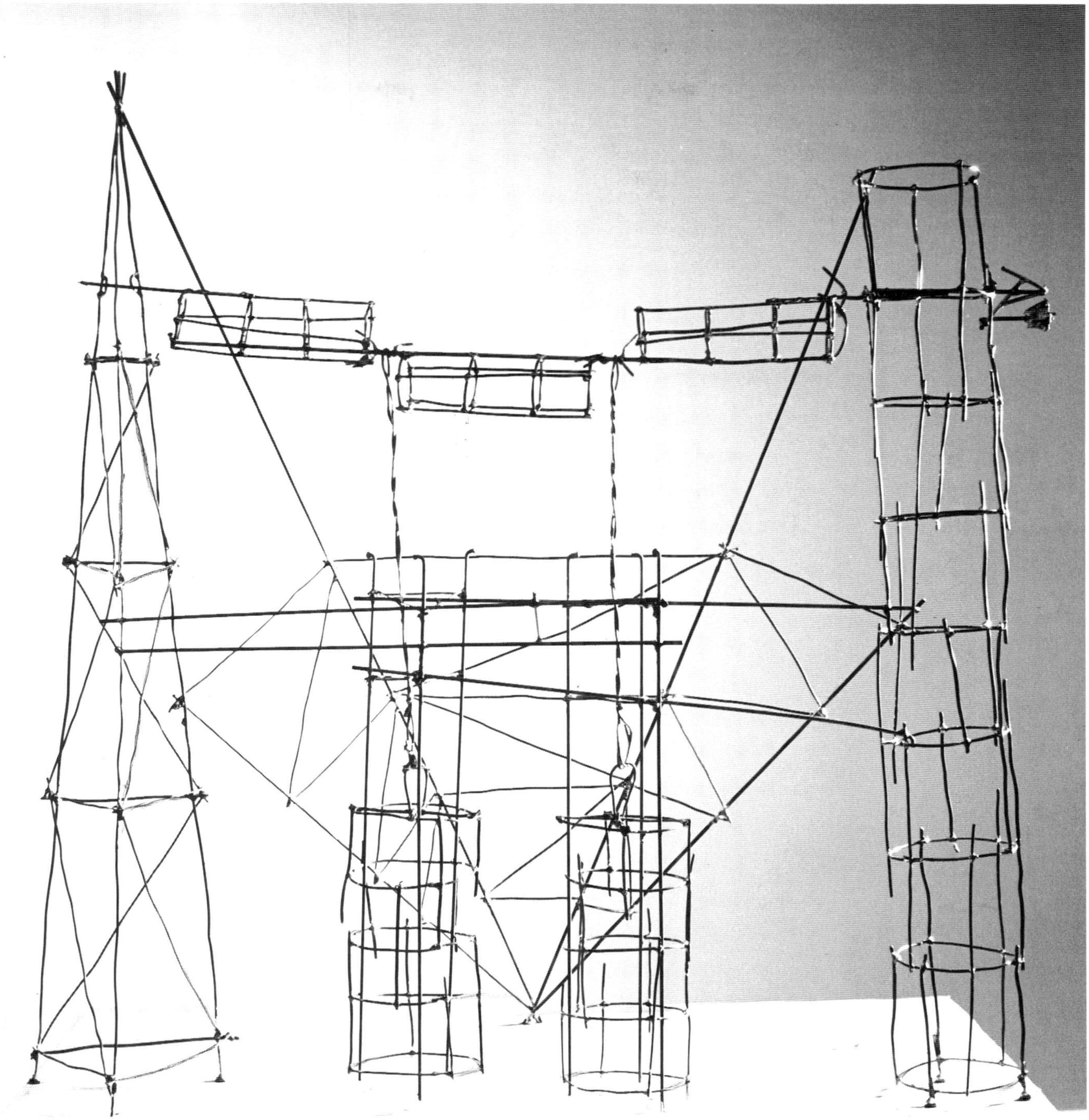

3.1.8 Pinturas

Los elementos de una maqueta se pueden pintar para esconder su efecto natural. Con independencia de la tonalidad del color elegido, dar una capa de pintura puede ayudar a que se consiga una superficie homogénea, a que se cierren los poros y hacer que no se pueda reconocer el material originario.

El efecto producido por un mismo color varía según la base. Es imprescindible realizar pruebas de colores. Las bases muy absorbentes (yeso, madera blanda) deberían pintarse primero con una capa de selladora para cerrar los poros. Si la madera ha de mantener su aspecto natural debería aplicarse una capa de imprimación incolora. Los elementos pequeños de madera se suelen pintar a pistola, aplicando varias capas delgadas.

Los elementos metálicos se han de desengrasar primero lavándolos con acetona o petróleo y no es necesario aplicar una capa previa de imprimación, basta con lijarlos un poco.

Las pinturas más utilizadas son las solubles al agua: tempera o similares y con menor frecuencia las acuarelas o las pinturas acrílicas. Según la base, también hay que considerar las lacas y resinas sintéticas. Es conveniente engrasar los cierres de los tubos con algo de vaselina para que no se seque la pintura. Los botes de pintura han de almacenarse boca abajo, asegurándonos de que la tapa esté bien cerrada.

La pintura se aplica con pinceles planos o redondos, con rodillo o a pistola. Habría que evitar la utilización de sprays con fluoruro clorhídrico (protección del medio ambiente).

3.1.9 «Objetos encontrados» en la naturaleza y en la industria

Para representar árboles y arbustos o para reproducir elementos que dan una idea de la escala como automóviles, farolas y muebles, pero también para ciertos elementos constructivos (por ejemplo, tensores) se pueden emplear objetos de otros campos completamente distintos. Para estos «objetos encontrados» puede desarrollarse un gran ingenio y reunir una amplia colección que facilitará la construcción de maquetas.

El mundo orgánico nos suministra muchos elementos, como la pinaza, las pequeñas ramitas, las flores secas de aquilea o las ramas de algunas plantas, que podemos emplear de maneras muy diferentes. También podemos buscar objetos apropiados en el mundo de los componentes electrónicos, del modelismo naval, del aereomodelismo y de los trenes miniatura.

3.1.10 Pequeños objetos

Entre los pequeños materiales más importantes se encuentran agujas, alfileres, hilo de nylon, cordones trenzados, cordones de perlón, pequeños tensores, anillos y plomos como los que encontramos en las tiendas de artículos de pesca y también papel autoadhesivo y folios de color (pantone) de diferentes anchos y colores.

Las agujas y los alfileres no sólo los necesitamos para fijar las piezas durante la construcción, sino que podemos incluso utilizarlos para realizar figuras (véase el capítulo 8: objetos a escala).

Con hilo de nylon se representan las estructuras de cables y también sirven para delimitar calles, caminos y superficies en una maqueta de trabajo. Los cordones más delgados de perlón, con un grosor entre 0,10 mm y 1,0 mm, así como una amplia gama de cordones trenzados podemos encontrarlos en las tiendas de artículos de pesca. Pequeños tensores adecuados para construir maquetas los encontraremos en las tiendas de modelismo.

64. Objetos encontrados (ready-mades).
65. Maqueta de concepto, 1:100.

Con cintas de papel autoadhesivo («letraline») de 0,5 mm de anchura o más, y de diferentes colores, puede reproducirse el despiece de la carpintería de las superficies acristaladas.

3.1.11 Pegamentos, cinta adhesiva y papel autoadhesivo

La amplia gama de pegamentos existentes en la actualidad permite enganchar prácticamente todos los materiales entre sí. Al pegar hay que tener en cuenta tres aspectos:

— estabilidad del material frente a los disolventes de la pega
— forma y tamaño de la superficie a pegar
— preparación de la superficie a pegar.

Pegar significa unir varios elementos entre sí mediante una capa de pegamento. Esta capa se forma al endurecerse el pegamento: o bien al secarse (por ejemplo, la cola blanca) o bien a través de una reacción química (por ejemplo, los pegamentos de dos componentes). La durabilidad de la unión depende, además de la forma de las superficies a pegar y de su preparación, de dos factores: la adhesión y cohesión. Cuando un papel húmedo se queda enganchado a un vidrio o dos vidrios entre sí al interponerse entre ellos una fina película de agua, se debe a la aparición de una fuerza de adhesión. Esta aumenta al aumentar el contacto entre la película de pegamento y el material. Este contacto sólo se consigue si entre ambos no se encuentran partículas extrañas ni bolsas de aire. Para nosotros, esto significa que las superficies a unir han de estar limpias de todo rastro de grasa o polvo. Raspando suavemente las superficies se aumenta la adhesión (limpieza de partículas extrañas y aumento de la superficie). Por cohesión entendemos la unión de los componentes de la pega entre sí. La cohesión depende de la calidad del pegamentos. Las fuerzas de cohesión se aprovechan al máximo cuando la película de pega es homogénea y no es demasiado gruesa.

También hay que tener en cuenta que existen algunos pegamentos que pueden rellenar pequeñas oquedades y grietas, como por ejemplo, los pegamentos de dos componentes, el «UHU» duro y las colas blancas. Sin embargo, los pegamentos instantáneos y los adhesivos de impacto exigen que las superficies a enganchar ajusten perfectamente.

Deberíamos conservar las cajas de los pegamentos, ya que las instrucciones de utilización suelen ser más completas que las existentes en los tubos.

Tipos de pegamento

Cola blanca
Las colas blancas están formadas por resina sintéticas desleídas en agua. Al evaporarse el agua, la resina forma una película casi incolora. Para utilizar estas pegas es necesario que al menos una de las superficies a enganchar sea porosa para que pueda evaporarse el agua. Estos pegamentos se utilizan sobre todo para unir maderas, tableros y corcho. Sólo excepcionalmente se utilizan para enganchar materiales textiles, cartones y cartulina. Para esto existen colas especiales para encuadernación. La cola blanca, debido a su contenido en agua, deforma los papeles.

Pegamentos a base de disolventes
Los pegamentos a base de disolventes se componen de resinas sintéticas —por ejemplo, caucho sintético— diluidos en disolventes. La película de pegamento se endurece al evaporarse el disolvente. Esto significa que el disolvente ha de escapar a través del material a unir o por la junta de unión. Por lo tanto se pueden emplear siempre que uno de los materiales sea permeable (papel, cartón, telas, cuero, madera) o cuando se trate de unir materiales impermeables (metales o plásticos) a través de una junta larga y estrecha. Hay que tener en cuenta que algunos disolventes pueden atacar los plásticos. Por esto siempre deberíamos realizar una prueba previa a pesar de las indicaciones del fabricante. Existen pegamentos específicos para el poliestireno expandido y extrusionado, para el metacrilato y para el PVC.

Adhesivos de impacto
Los pegamentos de impacto se usan en la construcción de maquetas, sobre todo para unir los estratos del terreno de una maqueta topográfica. También pueden utilizarse para unir dos elementos de material impermeable. Las dos superficies a unir deben recubrirse con una capa muy fina de pegamento. Después se deja evaporar el disolvente y a continuación se unen con fuerza ambas superficies. Para esto se utiliza un martillo de chapista o un rodillo de caucho.

Pegamento de dos componentes
Los pegamentos de dos componentes están formados por un endurecedor y un trabazón, que mezclamos justo antes de utilizarlo. ¡Observar siempre las indicaciones del fabricante respecto a la proporción de la mezcla! No deben mezclarse grandes cantidades de una sola vez ya que algunos pegamento tienen un tiempo de reacción muy breve (5 minutos). Las juntas resistes grandes cargas (por ejemplo, UHU plus 300 hasta 300 kg/cm^2). Estos pegamentos se utilizan para unir metales, cerámicas, vidrios o plásticos entre sí cuando se necesita una gran resistencia en la unión.

Pegamentos instantáneos
Un tipo de pegamento muy interesante para construir maquetas son los pegamentos instantáneos, sobre todo cuando se trata de conseguir una unión rápida y duradera o cuando no se pueden apretar o presionar las partes a unir durante mucho tiempo. Existen pegamentos instantáneos tanto para materiales con poros y sin ellos. Se pueden utilizar tanto para metales, plásticos, vidrios, porcelanas como para telas y gomas. Al utilizar pegamentos instantáneos hay que tener especial cuidado de que no entren en contacto con la piel o los ojos.

Tipos de junta
La durabilidad de la unión no depende sólo del pegamento empleado, sino también de la forma del ensamblaje; las más importantes entre éstas son:

— a tope,
— a tope con inclinación,
— en escuadra cubriendo la testa,
— a tope con tapajuntas a un lado,
— a tope con tapajuntas a ambos lados,
— a inglete,
— superposición sencilla,
— superposición con ensambladura

Preparación de las superficies a pegar

1. limpiar las superficies de partículas extrañas (restos de partículas extrañas y polvo),

2. homogeneizar las superficies lijándolas,
3. desengrasar las superficies con acetona o alcohol,
4. dejar que las superficies se sequen una vez limpias,
5. no tocar las superficies a pegar una vez preparadas,
6. aplicar el pegamento formando una capa delgada y homogénea,
7. dejar que sequen el tiempo correspondiente,
8. evitar que se adhiera polvo o suciedad a la pega recién extendida. Interrumpir los trabajos de pulido y serrado hasta haber unido los elementos a enganchar.

Cintas adhesivas y papel autoadhesivo

Además de pegamentos y colas también utilizamos cintas adhesivas y papeles autoadhesivos por ambas caras. Las cintas adhesivas se utilizan para fijar temporalmente algún elemento. Cuando se vuelve a despegar la cinta hay que tener cuidado de no estropear el elemento. Por ello se utilizan cintas de poca adherencia. Para pegar papel de color o de charol sobre un material portante como poliestireno o metacrilato y para unir láminas delgadas entre sí de metal, poliestireno y metracrilato se emplean folios adhesivos por ambas caras. Es necesario que ninguno de los dos elementos a unir sea poroso y que presenten una superficie plana limpia, sin grasa. La ventaja del papel autoadhesivo consiste en la posibilidad de unir grandes superficies de manera rápida sin tener que esperar. Las cintas adhesivas de color a partir de 0,5 mm de anchura («letraline») son una ayuda importante para reproducir el despiece de la carpintería de las superficies acristaladas a escala 1:200, 1:100 y 1:50.

Base para cortar

Una base para cortar, de caucho homogéneo, nos ayudará mucho en nuestro trabajo. Mientras que al cortar cartón o madera apoyando un *cutter* a lo largo de una regla siempre existe el peligro de que la base nos desvíe la línea de corte o se rompa por el uso, el caucho homogéneo de las bases especiales se vuelve a cerrar y no desvía ni desafila la hoja del *cutter*. Estas bases permiten realizar cortes preciosos con cantos limpios.

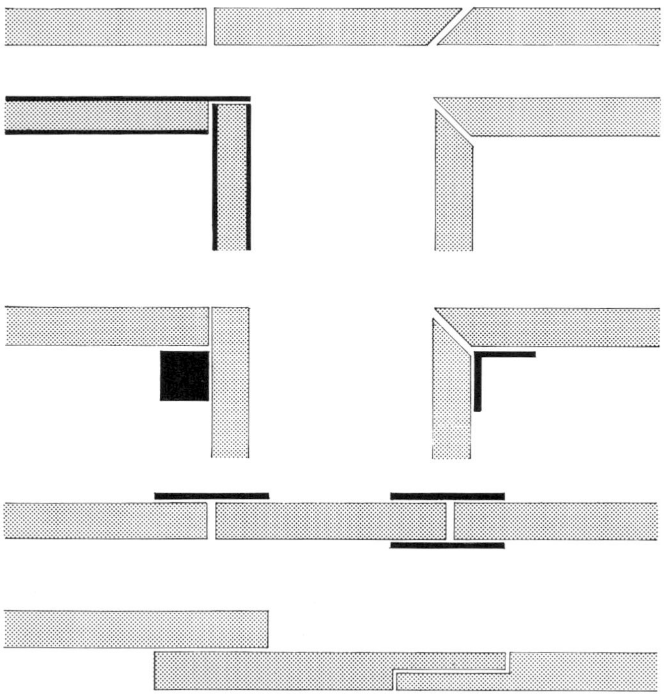

66. Posibilidades de unión en ángulo: a inglete, a tope, a tope cubriendo la testa.

3.2 Las herramientas

El estudiante o el arquitecto que quisiera construir maquetas necesitará un mínimo de herramientas y éstas deberían ser de buena calidad. También es muy importante el mantenimiento y cuidado de todos los utensilios. Lo mejor es poder tenerlos colgados a la vista o en un armario de herramientas. No es necesario tener desde el principio todas las herramientas enumeradas a continuación y clasificadas en ocho grupos. Para empezar basta con un equipo sencillo, pero con el que ya se pueden conseguir muy buenos resultados, sobre todo en el campo de las maquetas de concepto y de trabajo. Pero aquel que en la construcción de maquetas no vea sólo una ayuda a su trabajo, sino también una actividad creativa, irá completando sus herramientas conforme a sus gustos y necesidades.

Herramientas para comenzar:

- regla de acero de 30 cm
- regla para cortar de 50 cm
- escuadra graduada de 25 cm
- dos *cutters*, uno grande y uno pequeño, con hojas de recambio
- cuchillo dentado para cortar y rayar metacrilato y plásticos duros
- tijera universal
- pinzas
- sierra de bolsillo con diferentes hojas y mango móvil
- sierra de marquetería con hojas intercambiables para madera, metal y plásticos
- tenazas semicirculares de cabeza plana
- un juego de llaves inglesas
- una pequeña lima redonda
- agujas
- alfileres
- lápices
- diferentes pegamentos
- diferentes cintas adhesivas
- papel adhesivo por ambas caras
- cortapapeles
- un pequeño rodillo de cuacho
- papel de lija de diferentes gruesos
- piedra de afilar
- cepillo de dientes
- diferentes pinceles.

Este equipo básico puede complementarse con las siguientes máquinas (véase también más adelante)

- equipo de soldadura con accesorios
- sierra térmica (para maquetas topográficas y de urbanismo)
- troquelador manual
- sierra de calar electrónica
- lijadora orbital
- secador eléctrico (para curvar láminas de metacrilato y acelerar el secado de pinturas)

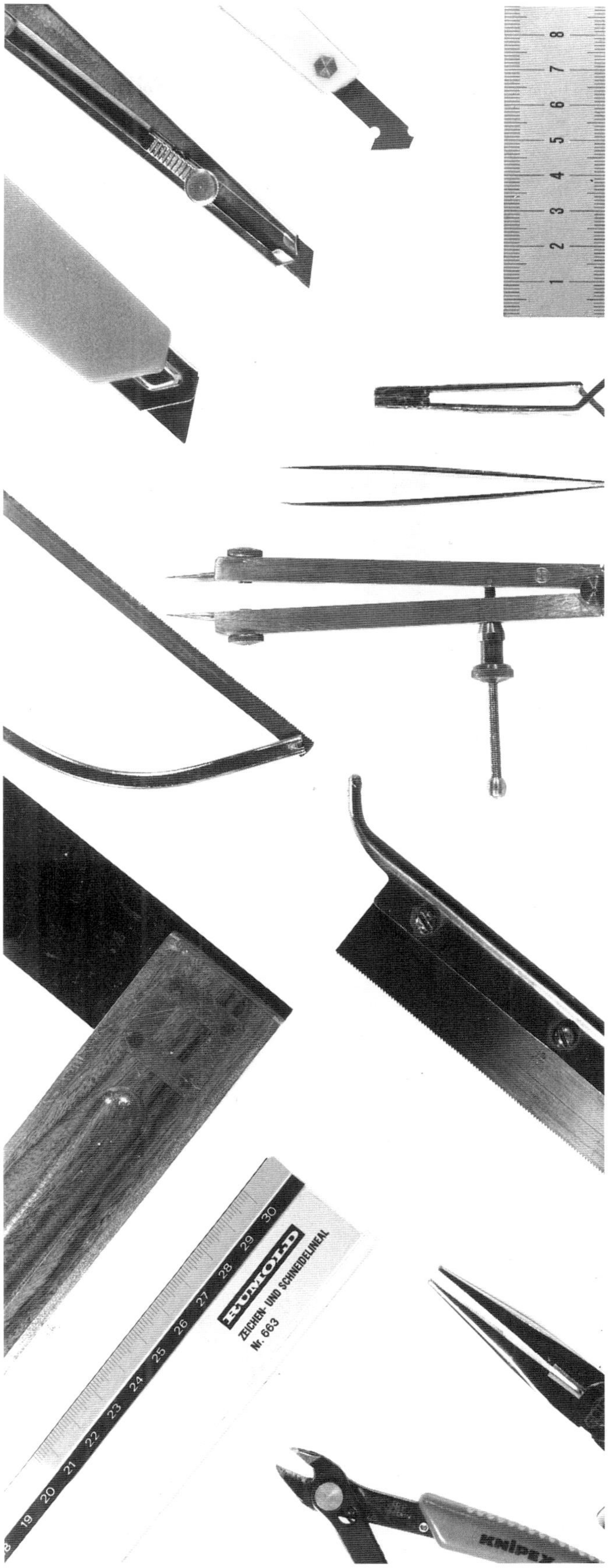

El equipo suplementario dividido en ocho grupos incluye:

Para medir y marcar

— reglas de acero de 50 cm y 100 cm
— transportador
— aparato regulador de profundidad
— escuadra y cartabón planos de acero
— escuadra con espaldón
— compás de dos puntas
— compás con cuchilla para cortar
— goniómetro
— pie de rey

Para cortar y separar

— un juego de cuchillos universales (*cutters)*
— escuadra y reglas para cortar (metálicos con un perfil de goma en su lado inferior)
— cizallas, recta y curva (con una cizalla nunca se ha de cortar alambre, pues se producen pequeñas entalladuras y luego es imposible conseguir cortes limpios)
— un juego de punzones
— escoplo curvo
— sierrra de marquetería con varias hojas (también alguna hoja curva)
— serrucho para madera y metal
— pequeñas sierras de acero

Para limar y fijar

— un juego de limas finas (de cabeza plana semicircular y redonda para madera y metal)
— un juego de limas gruesas (de cabeza plana, semicircular y redonda para madera y metal)

Para aguantar, prensar y como ayuda durante el montaje

— alfileres
— varias pinzas
— espejo
— clips
— varias bridas
— mordazas mecánicas
— una base para construir la maqueta: tablero aglomerado recubierto con plástico o mejor aún una base de piedra o metal.
— yunque, dado y cilindro del mismo material que el tablero de base

Para soldar

— un soldador eléctrico con diferentes accesorios, aunque es mejor tener un equipo de soldadura completo
— alternativas: soldador a gas
— estaño, pasta de soldar
— agua y grasa de soldadura
— pincel para aplicar la pasta de soldadura

Para el tratamiento de color

— diferentes pinceles: redondos y planos
— cepillo (viejos cepillos de dientes)
— paleta de porcelana
— varios vasos (botes, botellas)
— pistola para pintar y compresor
— película de enmascarar adhesiva para cubrir las superficies que no se han de pintar.

Para afilar

— piedra de afilar
— muela de esmerilar

Herramientas de uso general

— varios martillos: ligeros (100 g) y pesados (500 g)
— martillo de chapista (con cabeza de caucho)
— pequeño martillo de madera
— rodillo de caucho para presionar y pegar papeles, cartulinas, láminas, etc.
— un juego de destornilladores de relojero
— destornilladores
— llaves inglesas
— varias tenazas de cabeza plana y semicircular.

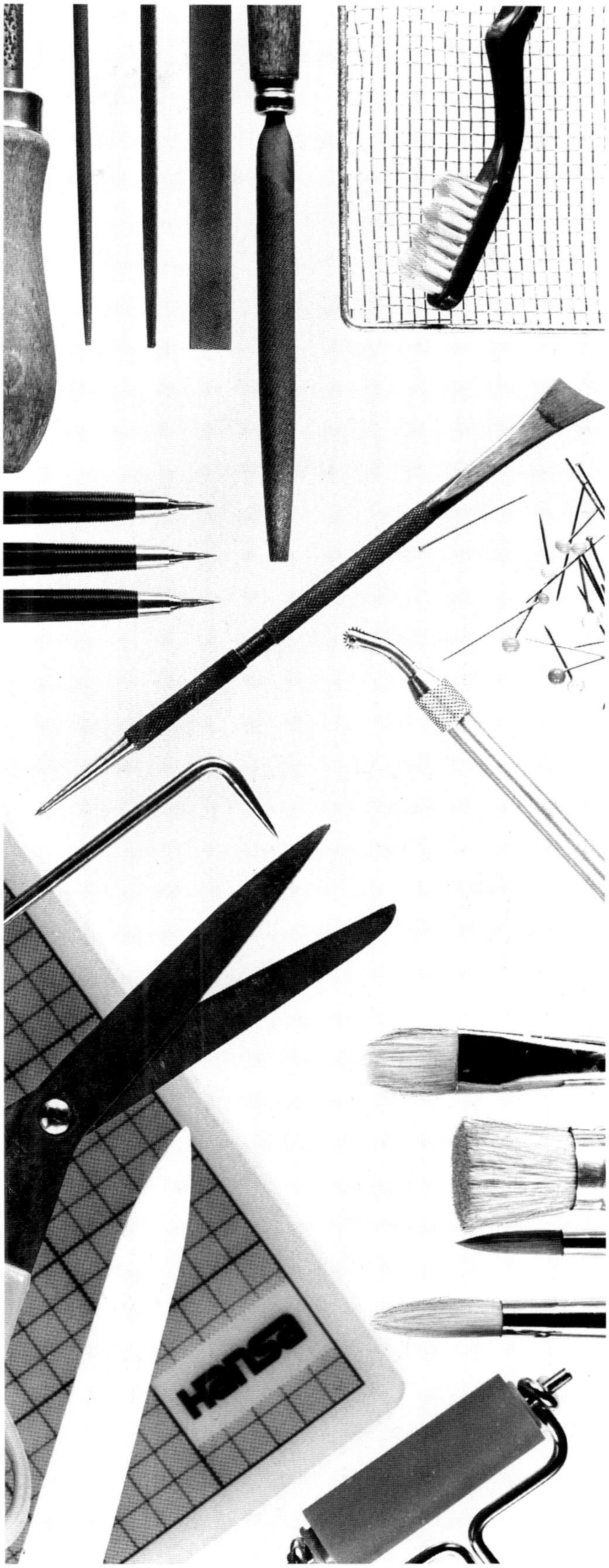

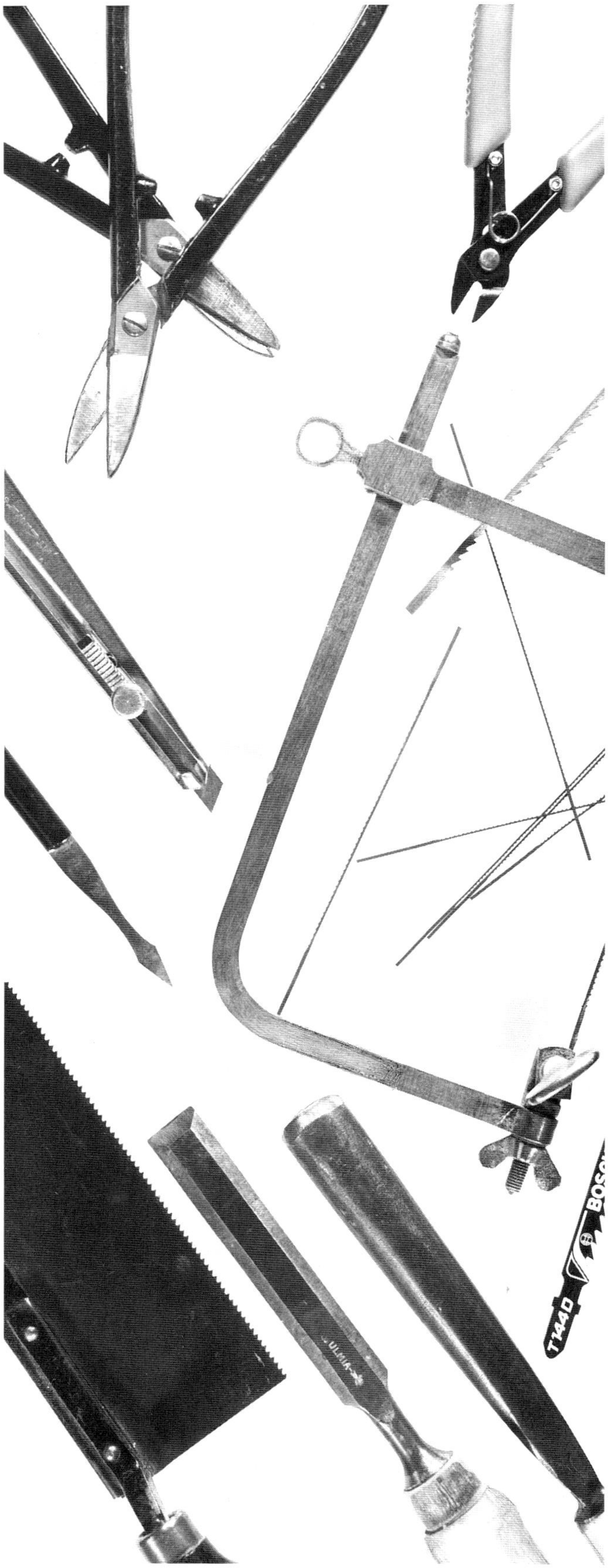

3.3 Las máquinas

No es necesario decir que el manejo de máquinas con elementos afilados que giran a gran velocidad exige un gran cuidado y mucha atención si queremos evitar accidentes. Esto es válido sobre todo para la sierra circular, la fresadora y el trabajo con piezas muy pequeñas.

Como en las herramientas, también en las máquinas existen modelos que permiten realizar varias operaciones. Muchas veces se han de adoptar soluciones de compromiso, que en la práctica no funcionan tan bien.

Es mejor guardar las máquinas en una zona específica que en un cuarto propio. Un aspirador de polvo fijo sólo merece instalarse si se va a trabajar casi a diario con las máquinas. Si no, basta con un aspirador convencional y los accesorios correspondientes. Junto a las máquinas ha de haber suficiente sitio para colocar herramientas, dibujos y piezas de la maqueta en construcción.

Con las máquinas descritas a continuación se pueden construir prácticamente todas las maquetas que necesitemos, tanto para un concurso, como para una exposición o con fines demostrativos. Son también el equipo básico para un pequeño taller de modelismo en un estudio de arquitectura.

Pequeña sierra circular de mesa
con una anchura de 40 a 50 cm

Se ha de vigilar que el tablón longitudinal alcance hasta el segmento libre de la hoja de manera que se pueda guiar a lo largo de toda la pieza. El tablón transversal también ha de permitir una guía suficiente y segura de las piezas. El ángulo entre hoja de la sierra y mesa de trabajo (posición normal 90°) debería poder graduarse. Esto se consigue girando la hoja de la sierra o inclinando la mesa de trabajo. En este último caso la sierra circular debería disponer de un dispositivo de compensación para volver a colocar la mesa junto con la sierra en posición horizontal; de esta manera se pueden realizar cortes en ángulo para las cubiertas inclinadas. Es recomendable que el motor pueda funcionar a distintas velocidades. Sólo de esta manera se pueden serrar de forma adecuada los diferentes materiales como madera, metacrilato, metales, etc. Es imprescindible disponer de un juego de hojas con diferentes dientes, anchuras y diámetros. No deben emplearse hojas del tipo HSS. El material es quebradizo y puede romperse si se somete a una solicitación excesiva. Las hojas para metales duros con dientes muy pequeños pueden utilizarse para serrar muchos materiales. Con las hojas más finas para metales (HSS-especiales para acero), sometidas a un tratamiento posterior de endurecimiento, pueden hacerse pequeñas incisiones y recortarse algunos perfiles. Todas las hojas destinadas a estas delicadas operaciones deberían marcarse y no utilizarse para cortes más bastos y para serrar madera maciza. Para afilar las hojas gastadas se ha de acudir a un taller especializado. La sierra circular debería disponer de una conexión para un aspirador de polvo.

Lijadora de carpintero
con un disco de diámetro comprendido entre 30 y 40 cm
y un aspirador o una bolsa de polvo incorporado

La lijadora de carpintero se ha de fijar a una mesa de trabajo inclinable por medio de una fijación graduable. Es bueno que el motor pueda hacerse funcionar en ambos sentidos. Los discos abrasivos pueden conseguirse con diferentes tipos de grano. Deberíamos cambiarlos a menudo, pues sólo con discos nuevos pueden conseguirse superficies completamente lisas sin tener que malgastar tiempo en repasos posteriores. Los discos abrasivos se enganchan al disco de la lijadora con un pegamento especial. Estas pegas permiten realizar el cambio con rapidez. No deberían emplearse otros pegamentos.

Troquelador
con una altura de perforación regulable
y un motor que funcione a diferentes velocidades
El troquelador ha de fijarse rígidamente a una mesa de trabajo cuya altura sea graduable y a la que debería poder fijarse una mordaza (¡no siempre se puede sujetar la pieza a perforar con la mano!). Deberíamos disponer de taladros con un diámetro de 0,5 mm hasta al menos 10 mm. Para trabajar los diferentes materiales —madera, metacrilato y metales— no sólo se necesitan diferentes tipos de metales, sino que ha de ser posible que el motor gire a distintas revoluciones por minuto. (Los datos sobre la velocidad de funcionamiento más adecuada para cada material se encuentran en las instrucciones que presenta el fabricante.)

Sierra de marquetería
para serrar, materiales sintéticos y metales finos
Con esta sierra se cortan sobre todo los estratos para las maquetas topográficas. El procedimiento es similar al de una sierra de calar. Hay modelos pequeños con un arco de 500 mm, aunque para las grandes maquetas necesitaremos una sierra con un arco de al menos 1000 mm. Dado que los precios de ambos modelos son similares deberíamos decidirnos por la sierra de mayor tamaño, si tenemos suficiente espacio.

Sierra térmica
para cortar espumas rígidas
con un alambre calentado eléctricamente
Un buen modelo debería disponer de una plancha estable con suficiente altura de corte y una regulación precisa de la inclinación del corte, así como de un dispositivo para cortar en círculo. Un ventilador debería alejar los vapores nocivos y un interruptor de pie accionar la puesta en marcha y la parada del calentamiento del alambre para que se pueda conducir con ambas manos la pieza en la que se esta trabajando.

Pequeños aparatos
En la actualidad existen en el mercado pequeños aparatos diseñados especialmente para los trabajadores de modelismo. Estas máquinas podemos utilizarlas sobre todo para los trabajos de mayor precisión y de acabado. Las siguientes máquinas pueden ser una valiosa ayuda para nuestros trabajos:

- taladro eléctrico de varias velocidades con posibilidad de acoplar diferentes discos abrasivos.
- sierra de calar regulable electrónicamente.
- lijadora orbital
- soldador a gas.

Aparatos complementarios
Si queremos seguir equipando nuestro taller deberíamos pensar en las siguientes máquinas:

- cizalladora, tamaño mínimo DIN A1
- lijadora manual
- fresadora para reanurar, acanalar y achaflanar
- soporte giratorio
- muela para afilar herramientas y accesorios
- mesa de montaje de altura regulable.

71. Las piezas pequeñas (por ejemplo, coche a escala 1:200) se obtienen serrando transversalmente un perfil en el que antes se ha reproducido su forma de manera longitudinal.

Recomendaciones para trabajar con máquinas

Para trabajar con la sierra circular, la lijadora de disco y el troquelador eléctrico deberían tenerse en cuenta las siguientes recomendaciones (¡es imprescindible leer y cumplir las indicaciones del fabricante!):

1. Las mesas que se fijen las máquinas han de estar siempre limpias y despejadas. ¡Estas mesas no son superficies de almacenamiento! Las superficies de las mesas se han de tratar a menudo con un producto que facilite el deslizamiento. Las hojas de las sierras, los discos abrasivos y los taladros siempre han de estar bien afilados. Al cambiar las hojas de una sierra se ha de desconectar siempre la máquina (desenchufándola o accionando el seguro).
2. Vigilen que sólo se trabaje con material de primera calidad. Por lo tanto, no empleen madera usada que pueda tener clavos, tornillos e incluso piedras o arena que estropearían sus herramientas. Los grandes trozos de madera maciza se han de dejar que los trabaje un carpintero hasta el punto que puedan seguir elaborándose en la propia sierra circular sin peligro alguno.
3. Las piezas más pequeñas de una maqueta se cortan siempre de una pieza mayor y sólo se separan de ésta en el último corte.
4. Al cortar piezas de madera maciza se ha de prestar especial atención a que se apoye sobre una base limpia, plana y perpendicular a la hoja de la sierra (peligro de romper los cantos y de retroceso).
5. Las piezas han de avanzar empujándolas siempre desde delante de la sierra y nunca desde atrás. De esta manera se tienen las manos a salvo. Consiga una piezas de madera que le sirvan para empujar las piezas más pequeñas a lo largo de la sierra.
6. Nunca emplee objetos de metal (punzones, tenazas) para empujar las piezas (¡gran riesgo de accidente!).
7. Nunca realice simultáneamente cortes tranversales y longitudinales. La pieza serrada ha de tener espacio para apartarse de la sierra. De otra manera existe el peligro de romper el canto o que se atraviese. La consecuencia es que o bien se atasca la sierra (daños en el motor) o bien se rompe la hoja. Si se han de utilizar simultáneamente los dos tablones (el lateral para fijar la distancia y el transversal para guiar la pieza a serrar) se ha de colocar una pieza que fije la distancia del tablón lateral y que llegue hasta la hoja de la sierra.

72. Corte longitudinal con la sierra circular. La pieza a serrar se coloca horizontalmente sobre la mesa, se hace avanzar hacia la hoja con un empujador y se aprieta contra la sierra con una pieza auxiliar. (Nunca se ha de levantar la madera de la mesa.)
73. Corte transversal con la sierra circular. Lateralmente ha de haber sitio suficiente para los trozos que se van serrando. Para cortar varias piezas de igual longitud se fija la distancia entre la hoja de la sierra y el tablón lateral. Se ha de vigilar que el empujador quede al lado opuesto de la sierra donde van quedando las piezas ya cortadas.
74. Alargo. Para serrar transversalmente las piezas más pequeñas que ya no se pueden sujetar con seguridad con la mano se coloca una madera auxiliar. De esta manera nos aseguramos que la madera no se mueva al serrarla.

8. Las piezas pequeñas se sujetan con mayor dificultad y es más fácil que se rompan por el canto. Si se sierran piezas pequeñas, ayudándonos del tablón transversal, se recomienda suplementarlo con una pieza auxiliar que abarque toda la longitud de la pieza a serrar. La hoja de la sierra también cortará esta pieza auxiliar.
9. Presten atención a la altura correcta de la hoja de la sierra. Ésta no debería sobresalir más de 6-10 mm de la mesa en los cortes normales.
10. Las piezas siempre se han de lijar allí donde el disco abrasivo gira hacia abajo, en caso contrario el polvo tiende a elevarse y la lijadora puede arrancarnos la pieza de las manos (peligro para los ojos).
11. Al lijar una pieza, ésta ha de moverse hacia adelante y hacia atrás para conseguir una superficie plana y evitar que se formen pequeñas hondonadas.
12. Al lijar piezas pequeñas con una lijadora eléctrica se han de apoyar sobre una pieza auxiliar de madera. De esta manera se cubre el hueco entre la mesa y la lijadora consiguiendo que la pieza se apoye de manera segura.
13. Si trabajamos piezas pequeñas con la taladradora eléctrica o queremos perforar el centro de una plancha, las piezas se han de fijar a la mesa con mordazas. Bajo las piezas a perforar se ha de colocar una base (tablero aglomerado o de carpintero) para evitar que lleguemos a perforar la mesa de trabajo y por otro lado para evitar que se astille por la otra cara el material perforado. En cualquier caso se ha de mantener la pieza con seguridad y rigidez.
14. En general, para trabajar piezas pequeñas con máquinas necesitamos piezas auxiliares (empujadores, bases, extensiones de guía, etc.) realizadas con madera. Estas piezas auxiliares se han de acercar tanto como sea posible a las herramientas de corte (hoja de la sierra, disco abrasivo).

75. Al trabajar con una lijadora de disco es conveniente colocar las piezas a desbastar sobre una base.
76. Piezas auxiliares para trabajar piezas pequeñas: maderas para mantener la distancia constante, para empujar y para presionar.

4 El lugar de trabajo

77. Lugar de trabajo para construir maquetas: carrito de herramientas, base para cortar, base lisa, torno, recipiente para pinceles, tijeras, pegamentos y pequeñas herramientas, toma de corriente eléctrica, bandeja de montaje e iluminación.

Las maquetas se construyen tanto en los grandes estudios de arquitectura como en los pequeños. No se trata sólo de las maquetas de concepto y de trabajo para uno mismo, sino también de maquetas de ejecución para un trabajo de fin de carrera, un concurso o una exposición. No siempre disponemos de los medios y el tiempo necesario (algunas maquetas han de poder presentarse al cabo de unos pocos días) para encargarla a un taller profesional de modelismo. También queremos comprobar y analizar nuestro proyecto en la maqueta.

Por estos motivos habría que dedicar relativamente pronto un lugar de trabajo específico para construir maquetas. Trabajar en un lugar estrecho con herramientas afiladas y máquinas eléctricas provoca situaciones peligrosas. Allí donde faltan lugares de almacenaje aparece un desorden que en vez de ayudar a la creatividad la obstaculiza. También tenemos que pensar que trabajamos con materiales y disolventes fácilmente inflamables y que a menudo la construcción de maquetas implica una molestia a los demás en cuanto a ruido, polvo y olores.

En general, los lugares para construir maquetas han de tener una buena iluminación natural y una buena ventilación. Han de existir suficientes enchufes y también es conveniente disponer en las cercanías de una toma de agua caliente y fría y un fregadero. Se ha de colocar un botiquín y un extintor en un lugar bien visible.

4.1 El lugar de trabajo para el comienzo

El principiante tendrá suficiente con situar junto a la mesa de dibujo una mesa de trabajo que sea lo bastante grande para albergar tres zonas diferentes:

1. Una zona con una base para cortar donde se puedan preparar, cortar y trabajar las diferentes partes de la maqueta.
2. Una zona con una base rígida y estable (véase más adelante) para el montaje y acabado de las diferentes partes de la maqueta.
3. Una zona para dejar las herramientas y las máquinas más pequeñas.

Para almacenar los materiales y herramientas a la vista necesitamos un estante, un armario de herramientas o un carrito móvil. Para guardar los materiales sin que se llenen de polvo (papeles, cartulinas, láminas sintéticas y metacrilato) lo mejor es tener un cajón cerrado lo bastante grande para guardar las láminas horizontalmente. En caso de necesidad se pueden guardar en una carpeta de dibujo. Para las diferentes pruebas y objetos encontrados necesitamos otra superficie de almacenamiento que, en caso de tener suficiente espacio, es preferible sea otra mesa fija o un tablero colocado sobre caballetes. Aún es mejor una mesa específica para el montaje cuya altura pueda graduarse y que se pueda trabajar de pie. Si hemos de trabajar con la espalda doblada, ya sea sentados o de pie, no tardaremos en cansarnos.

En un estudio así instalado y con las herramientas y máquinas ya mencionadas, el estudiante de arquitectura o el proyectista está en condiciones de cumplir la mayoría de los requisitos que plantea la construcción de maquetas. Aquí podrá construir, no sólo las maquetas de concepto y de trabajo, sino también una buena parte de las maquetas de ejecución con la calidad necesaria.

4.2 El taller ampliado

Si aumentan los requisitos de la construcción de maquetas y adquirimos grandes máquinas, en vez de la mesa auxiliar descrita antes, necesitaremos un espacio o una habitación especial en la que podamos diferenciar cuatro zonas:

1. Para preparar y construir los diferentes elementos de la maqueta.
2. Para montar y ensamblar las diferentes partes.
3. Para almacenar material, objetos encontrados y diferentes pruebas.
4. Para guardar las herramientas y máquinas.

Las tres primeras zonas pueden unirse en una sola, destinando la superficie necesaria a almacenaje (estantes, mesas). La zona de maquinaria con las correspondientes tomas de agua y luz ha de estar separada de la zona anterior.

5 La preparación del trabajo

Las maquetas de concepto se construyen simultáneamente con los primeros dibujos. No requieren una preparación especial, pues incluso perjudicaría más que beneficiaría el desarrollo del proyecto. Una mesa auxiliar junto a la de dibujo, unas herramientas básicas (véase el capítulo anterior) y un fondo constituido por materiales como papel, cartulinas, cartón ondulado, madera de balsa, pequeños perfiles de madera, objetos encontrados, restos de maquetas anteriores, metacrilato, etc., y los pegamentos más importantes, es más que suficiente. Es distinto cuando se trata de maquetas de trabajo o de ejecución.

5.1 Relación de los conceptos más importantes

Antes de empezar a trabajar se han de fijar los objetivos y los requisitos que ha de satisfacer una determinada maqueta. La lista de estos conceptos ayudará a no olvidar ningún aspecto importante. Se trata de los siguientes puntos:

1. Tipo de modelo:
   ¿De qué tipo de maqueta se trata y cuál es el grado de acabado? (véase la tipología establecida en el capítulo 2).
2. Misión de la maqueta:
   ¿Qué se ha de reproducir?
   ¿Qué se ha de analizar y comprobar?
   ¿Qué aspectos del proyecto y qué idea se ha de transmitir?
   ¿La idea del proyecto se puede explicar mejor a través de dibujos y perspectivas o mediante una maqueta?
   ¿Ha de existir una relación entre el juego de planos y la maqueta?
   ¿Se ha de reproducir sólo la edificación o también el terreno circundante y los elementos más característicos del entorno?
   ¿Se ha de reproducir únicamente la forma exterior o se han de ver los espacios interiores?
   ¿Ha de ser desmontable para poder apreciar con claridad los espacios interiores? (¿Han de poderser desmonar todas las plantas o sólo la cubierta o una fachada?)
3. Receptor
   ¿A quién va dirigida la maqueta?
   ¿A quién se han de explicar las ideas del proyecto?
   ¿Será el propio autor (estudiante, arquitecto) quién explique la maqueta, o ha de proporcionar información «por sí sola»?

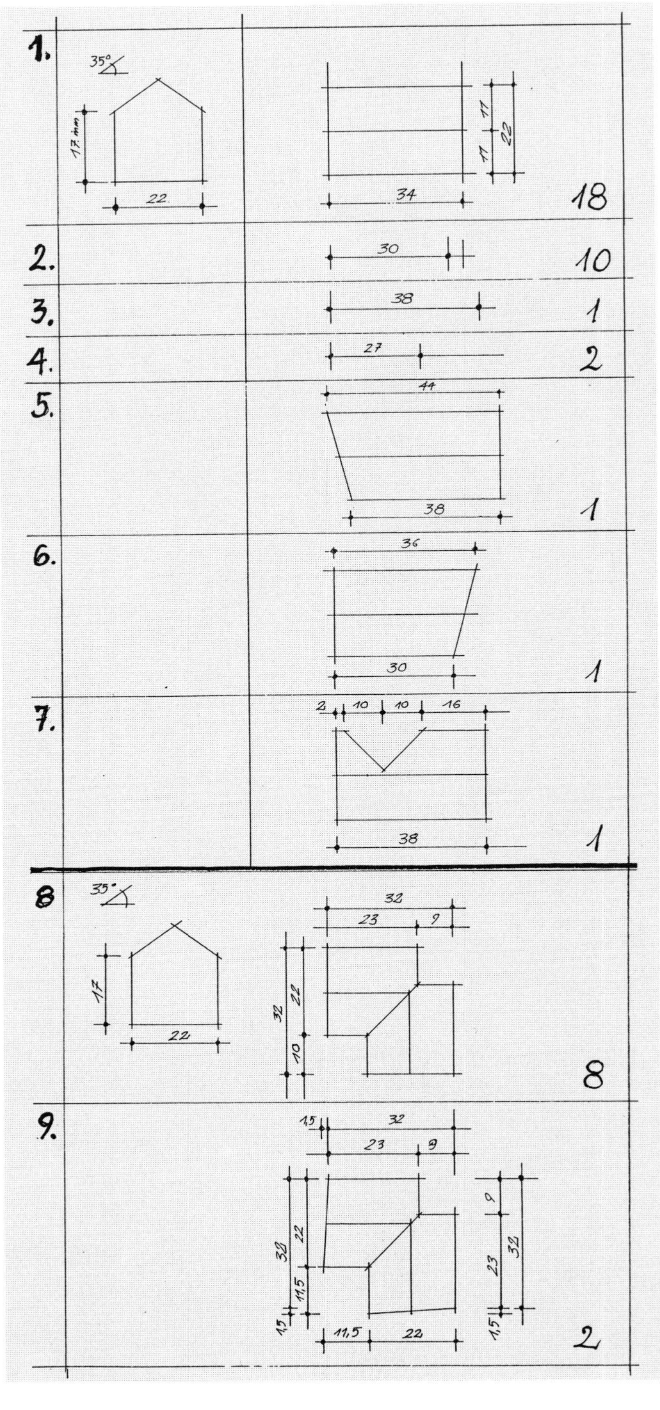

78. Lista exhaustiva con las dimensiones exactas de todas las piezas necesarias para montar un edificio.

4. Fase de trabajo
   ¿Se trata de una maqueta de concepto, de trabajo o de ejecución?
   ¿Se han de utilizar algunos elementos de la maqueta para construir la maqueta de ejecución (base, terreno, edificación existente?)
5. Escala
   ¿A qué escala se reproducirá el proyecto?
   ¿Qué zona del entorno explicaremos?
6. Material, herramientas, máquinas y conocimientos propios
   ¿Qué materiales utilizaremos? ¿Responden a las ideas del proyecto?
   ¿Qué efecto deseamos que produzcan los materiales?
   ¿Qué combinación de materiales es la más adecuada?
   ¿Qué tipo de textura (brillante, mate, reflectante) y qué color daremos a las superficies de los materiales?
   ¿Podemos conseguir todos estos materiales en el plazo de tiempo que disponemos?
   ¿Podemos manipularlos con los utensilios y espacio que tenemos?
   ¿Disponemos de las herramientas, máquinas, conocimientos y experiencia suficientes para aplicar las técnicas necesarias?
7. Transporte y empaquetamiento
   ¿Cómo se empaquetará y transportará la maqueta?
   ¿Cuál es el tamaño máximo?
   ¿Será posible desmontar la maqueta?
8. Documentación
   ¿Disponemos de toda la documentación necesaria para construir la maqueta (planos topográficos y plantas, seccionesy alzados de la edificación)?
   ¿Están los planos a la escala adecuada?
   ¿Los dibujos para construir la maqueta están realizados de manera que pueda empezarse su construcción inmediatamente?
   ¿Las características más importantes del proyecto pueden reproducirse con los materiales, herramientas, conocimientos y experiencias a nuestro alcance?
   ¿Los dibujos definen los datos más importantes para la maqueta?
   ¿Tenemos suficientes copias de los planos para poder utilizarlas como plantilla?
   ¿Tenemos una lista de todos los elementos que hay que construir? (Por ejemplo, de todos los edificios a reproducir en una maqueta urbanística.)
   ¿Qué perfiles de madera necesitamos y en qué orden debemos cortarlos para construir las diferentes partes de la maqueta?
   ¿Cuál es la secuencia óptima para construir determinados elementos especiales y qué extras necesitaremos? (Por ejemplo: primero cortar con la sierra circular, luego perforar, limar, a continuación limpiar la superficie, aplicar la pintura y por último montaje e incorporación al terreno.)
9. Control final
   Antes de empezar a trabajar hay que comprobar la disponibilidad de herramientas, máquinas, materiales necesarios y volver a comprobar el orden de construcción.

Si las herramientas o las condiciones de trabajo no nos permiten construir toda la maqueta o alguna de sus partes tendremos que encargar el trabajo a un taller especializado en modelismo. En este caso tenemos que explicar al responsable de su construcción nuestras propias ideas sobre la «expresión» de la maqueta de la manera más concreta posible y discutirlas hasta los últimos detalles. ¡Es conveniente que los documentos de trabajo para el maquetista estén preparados para construir la maqueta y contengan toda la información necesaria! Tener que estudiar el juego completo de planos de un proyecto para luego construir una maqueta a escala 1:500, además de significar mucho tiempo, puede llevar a errores en la interpretación y a malentendidos. Sin embargo, la información tampoco ha de ser demasiado parca: el maquetista necesita hacerse una idea del proyecto global.

La elección de la escala de la maqueta depende también de las máximas dimensiones que pueda tener. La siguiente tabla nos da una primera idea del tamaño que ocupan ciertos edificios o plazas en las escalas más usuales.

por ejemplo	1:50	1:100	1:200	1:500
quiosco	80/40/60	40/20/30	20/15/10	8/4/6 mm
viv. unifamiliar 16/12/18 m	320/240/160	350/120/180	80/60/40	32/24/16 mm
ed. plurifamiliar 35/12/18 m	700/240/360	350/150/800	175/60/90	70/24/36 mm
ed. de oficinas 50/15/80	1000/300/1600	500/150/800	250/75/400	100/30/160 mm
pequeña plaza 60/80 mm	1200/1600	600/800	300/400	120/160 mm
gran plaza 160/200 m	3200/4000	1600/2000	800/1000	320/400 mm

6 La construcción de cada una de las partes

Las maquetas arquitectónicas se construyen paso a paso. Podemos distingir las siguientes fases en su construcción:

— construcción de la base;
— reproducción de la topografía y forna del terreno;
— delimitación de las superficies ocupadas por la vegetación, agua y circulación;
— construcción de la edificación e
— incorporación a su entorno;
— introducción de elementos que dan una idea de la escala;
— leyendas;
— urna de protección, empaquetamiento.

Sin embargo, el constructor de maquetas puede atenerse a este orden o, por ejemplo, construir primero los edificios y luego la base. Lo realmente importante es que desde el comienzo de la construcción tenga presente cuál ha de ser la expresión final de la maqueta.

6.1 La base

Al construir la base de la maqueta se han de tener en cuenta cinco aspectos:

— la delimitación de la zona a reproducir en la maqueta;
— la extracción de esta zona de su entorno y su tratamiento como una realidad independiente;
— la leyenda, es decir, la incorporación de textos a la maqueta;
— la eventual transportabilidad de la maqueta, la posibilidad de que sea desmontable y la conveniencia de protegerla mediante una urna transparente;
— el tipo de materiales, técnica de construcción de los estratos del terreno y de los edificios, así como su fijación a la base; considerar la reproducción de elementos situados debajo del terreno: cimientos, garajes subterráneos, etc.

6.1.1 El ámbito de la maqueta

La forma y el tamaño de la base no sólo dependen de las dimensiones resultantes de la escala elegida, sino también del hecho de querer que el proyecto se reproduzca de forma aislada o integrarlo en un conjunto ya existente. Nuestras ideas formales y la expresión deseada, también desempeñan un papel importante a la hora de situar el proyecto sobre la base.

Los estratos topográficos y también los propios edificios se pueden fijar directamente a la base, pero también se pueden encajar o tan sólo apoyar sobre ella.

La forma de la base puede ser:

— rectangular (cuadrado o rectángulo);
— poligonal (regular o irregular);
— libre, ajustándose a los límites del terreno;
— curva (circular o con curvas libres).

El rectángulo, por motivos de construcción, transporte y empaquetamiento, es con mucho la forma más usual de la base. El rectángulo no sólo se ha de considerar como una forma geométrica rígida, sino también como un campo de fuerzas que generan un movimiento. La tendencia de las superficies a dilatarse y la reacción que aparace en el perímetro crean una tensión que da una orientación a las superficies: podemos distinguir entre rectángulos «horizontales» y «verticales». Esta direccionalidad no existe en el caso del cuadrado, cuyo punto más importante es el centro. En los polígonos regulares y sobre todo en el círculo la zona central se concentra en un punto, el centro.

Al situar uno o varios edificios sobre una base los introducimos en un campo de fuerzas. La forma y tamaño de la base pueden reforzar, neutralizar o contrastar las orientaciones del proyecto. De esta manera, el centro de un proyecto (por ejemplo, una plaza urbana o un espacio central) puede enfatizarse aún más según como lo situemos sobre la base correspondiente.

La forma de la base también influye en la posterior visualización de la maqueta. Mientras las formas concéntricas como los polígonos regulares, el cuadrado y el círculo no acentúan ninguna dirección -el proyecto se «gira» con mayor facilidad y se contempla desde todos lados-, en los rectángulos orientados y en las formas libres se acentúa una dirección determinada.

6.1.2 Pedestal, zócalo y marco

Para la representación es necesario que toda la maqueta se destaque de su entorno como un objeto independiente, es decir, dotarla de sus propios pies de apoyo, darle un marco propio o colocarla sobre un pedestal. También se pueden combinar las diferentes posibilidades entre sí.

Pies de apoyo
Sólo con fijar a la cara inferior de la base unos pies de goma como los que se utilizan para los aparatos de alta fidelidad, separaremos la maqueta de su superficie de apoyo. El otro extremo sería colocar unos caballetes sobre los que se apoya la base de la maqueta. La altura de los caballetes dependerá del lugar donde se tenga que exponer: si los espectadores la

verán sentados o de pie o si tienen que verla desde abajo o a vista de pájaro.

Zócalo

Un zócalo corrido de metal, de tablas de madera o de perfiles metálicos impide que la base de la maqueta se deforme y además la separa ópticamente del suelo o de la mesa. En el caso de superficies mayores de DIN A1 es preferible encolar o atornillar unos perfiles por debajo de la base. Si la maqueta es desmontable es necesario rigidizar cada una de las partes.

Si bajo la base se fija un tablero adicional, el espacio intermedio puede utilizarse para colocar los dibujos explicativos. También puede utilizarse para situar los objetos colocados por debajo del nivel del terreno.

De manera parecida a lo que ocurre con las patas, la altura del zócalo puede variar desde 2 cm hasta una altura equivalente a una mesa o a la altura de los ojos.

Marco

Una maqueta produce un efecto similar a una escultura y en algunos casos al de un cuadro. Al igual que una escultura o un cuadro, es conveniente enmarcar las maquetas. Este marco debería estar configurado de manera que además de realzar y delimitar la maqueta, protegiese la base y debería contrastar con la maqueta para provocar una tensión óptica respecto a ella.

Enmarcar lateralmente la maqueta produce un efecto más «blando» que superponer un marco por encima.

Se han de tratar los cantos de la base de la mayoría de los materiales: el metacrilato debe pulirse, los tableros de madera aglomerada o contrachapada se han de recubrir en función del tipo de maqueta y eventualmente deberían pintarse con pintura acrílica o lacas.

«Zuncho»

Los «zunchos» se suelen construir del mismo material que el recubrimiento de la base o los estratos del terreno. Si se elige otro material, el «zuncho» produce el mismo efecto que un marco. Si los estratos son de madera, el «zuncho» debería ser

79. Maqueta de un edificio con su entorno, 1:100. Base: tablero de madera aglomerada de 13 mm de espesor; estratos del terreno: cartón de 2 mm de espesor; edificios: cartón de 1 y 2 mm de espesor en el que se han recortado las ventanas y se han dibujado las persianas; ventanas: papel gris con la carpintería pintada en blanco y pegado a la cara interior de las fachadas; vegetación: pequeñas ramas.

del mismo tipo de madera y ésta estar trabajada de manera que el conjunto produjese el efecto de un bloque (una vez colocado en la maqueta se ha de lijar a mano o a máquina).

Si los estratos del terreno no son macizos, el perímetro de la maqueta no será una superficie cerrada y el «zuncho» se encola tras montar los estratos. Para ello primero se han de cepillar la base y los estratos hasta que formen un plano, por último se ajusta el «zuncho», se encola y se pule.

«Premarco»
Se ha de colocar un «premarco» siempre que el «zuncho» no esté en el mismo plano de los cantos de la base o cuando sea de otro material. No es necesario que el «premarco» siga la altura de los estratos. El «premarco» es siempre un primer pasa para construir un marco.

6.1.3 Leyendas

En las maquetas de ejecución o de presentación es importante colocar una leyenda. Puede abarcar desde la simple designación de objetos hasta el nombre de las calles y las cotas del terreno.

Es imprescindible anotar:

- el nombre del proyecto;
- la escala y el norte geográfico;
- el nombre del proyectista o código del concursante.

Estos datos se pueden inscribir:

- en una carátula especial;
- en el bastidor;
- en la urna de protección;
- libremente.

A estos datos fundamentales pueden añadirse:

- el nombre de las calles y edificios;
- la descripción de los usos;
- la descripción de la vegetación;
- la situación de las entradas y salidas;
- las cotas topográficas y de los edificios.

La manera cómo y dónde se han de colocar estas inscripciones debería pensarse antes de empezar a construir la maqueta. Se puede colocar una carátula en una esquina como en los planos, pero esto influye en el efecto producido por la superficie. También molestan las inscripciones sobredimensionadas o de un color mal elegido, por ejemplo, letras negras sobre una carátula blanca en una maqueta donde predominan las tonalidades oscuras.

80. Maqueta a escala 1:200. Ejemplo de una presentación singular. Soporte realizado con un redondo de acero corrugado soldado a un perfil «IPP». Base: plancha de espuma rígida de 20 mm de grosor. Edificio: alambre, chapa metálica y vidrio. Vitrina: metacrilato.
81. Presentación de una maqueta topográfica sobre un zócalo de unos 110 cm de altura.

82. Maqueta urbanística, 1:500. Base: dos tableros de madera contrachapada formando un cajón para guardar el material gráfico. Terreno: madera contrachapada de 1,0 mm de grosor; edificios: madera de tilo; árboles: madera de tilo. El nuevo edificio se distingue de los demás por su mayor grado de detalle.

Quien no rotule a mano alzada ha de utilizar plantillas o una máquina eléctrica de rotular. Los textos así escritos se pueden ampliar o reducir y copiar sobre papel de color, transparente o autoadhesivo. Inclinarse por rotular a mano alzada o a máquina depende del carácter de la maqueta. Las maquetas de trabajo y también las maquetas que poseen un carácter espontáneo o que producen un efecto de collage soportan mejor una leyenda rotulada a mano.

Antes de trazar definitivamente las primeras letras es conveniente realizar alguna prueba respecto al color y tamaño del texto. Se empieza rotulando los textos más importantes y luego se incorporan los textos de letra más menuda.

6.1.4 Desmontaje, vitrina de protección

Las grandes maquetas han de ser desmontables para poder transportarlas. Las líneas de separación se han de trazar con cuidado. El corte nunca debería atravesar un edificio. Cada una de las piezas de la base necesita una rigidización inferior para poder ajustarlas al máximo al montar la maqueta (véase el apartado 6.1.2). Para unir las diferentes piezas entre sí se utilizan espigas de madera o se fijan los marcos mediante pasadores roscados y palomillas con tuerca.

Las vitrinas de metacrilato suelen producir un buen efecto. Estas vitrinas se apoyan sobre el bastidor de la base y puede atornillarse a ella. Para facilitar el transporte se puede sustituir la vitrina por una caja de madera contrachapada atornillada a la base.

6.1.5 Materiales para la base

Para construir la base se pueden utilizar:

- materiales autoportantes como tableros de madera aglomerada o tableros de carpintero;
- materiales que necesitan una rigidización inferior (metacrilato, plancha de plástico o chapa delgada de aluminio),
- para superficies pequeñas se puede emplear también cartón o cartón pluma;
- para las primeras maquetas de concepto o de trabajo puede utilizase la tapa de una caja;
- pero también vidrio, piedra artificial o cualquier material que responda a las ideas del proyecto a reproducir.

Al elegir el material se ha de pensar qué elementos se han de fijar a la base y cómo se realizarán. La base debería ser plana y rígida. Mediante los sistemas de rigidización ya descritos se evitan las deformaciones de la base. En caso de utilizar chapa de aluminio, metracrilato u otros materiales igual de sensibles necesitamos una base adicional (tablero aglomerado o tablero de carpintero) a la que puedan atornillarse estos elementos desde abajo o introducirlos en perforaciones desde arriba. Si la base es algo mayor que la rigidización inferior, ésta no se verá y parecerá que la maqueta se apoya sobre la lámina delgada. Los cantos de vidrio que queden vistos se han de pulir (en caso contrario existe el peligro de cortarse).

6.2 El terreno: forma y estructura de la superficie

El terreno lo construimos sobre una base, cuya forma y dimensiones se han calculado en función del ámbito que ha de reproducir la maqueta, pero antes tenemos que decidir las siguientes cuestiones cuya respuesta afecta, no sólo a la elección de los materiales, las herramientas a utilizar y la técnica a adoptar, sino también al efecto final.

83. Escala 1:200. Base: tablero de madera aglomerada de 20 mm de espesor; terreno: plancha de espuma rígida; forjados: poliestireno de 1,0 mm de grosor; fachadas: metacrilato, poliestireno y varios tipos de plancha metálica; pilares: perfiles de PVC; árboles: lana de acero sobre barras de madera de 4 mm de diámetro. La base circular acentúa la ordenación radial del edificio.

6.2.1 ¿Definitiva o modificable?

Si la maqueta ha de servir para diseñar y estudiar el trazado de caminos, muros de contención, escaleras, rampas, grupos de plantas y relación de los edificios con el terreno, el material con el que se construya el relieve topográfico ha de ser fácil de manipular. Esta característica la poseen, en el caso de las maquetas de concepto o de trabajo, materiales como la arcilla, la plastilina, el cartón ondulado, las cartulinas y el cartón pluma. En caso de que la forma del terreno y la situación de los edificios y los caminos ya se hayan fijado en los correspondientes planos, construiremos la base de la maqueta y el relieve topográfico como si se tratase de una maqueta de ejecución, aunque también éstas deberían permitir que se realice alguna corrección. Para que se pueda alterar una línea de nivel o desplazar un edificio sin destruir la maqueta tenemos que pensar sobre todo en las rigidizaciones inferiores.

Si para reproducir el terreno se ha elegido un material, como la chapa de aluminio o el metacrilato, que ya no se pueda modificar, cualquier cambio que queramos introducir después implicará construir la topografía de nuevo.

6.2.2 ¿Naturalista o abstracta?

Según la manera como se reproduzcan la topografía, las superficies de circulación, la vegetación y los objetos que dan una idea de escala conseguiremos una imagen naturalista o abstracta tanto de las preexistencias como del nuevo proyecto. El efecto naturalista o abstracto de la maqueta no sólo se alcanza introduciendo materiales «sintéticos» o «naturales» (bolas de madera para reproducir los árboles o aquilea seca para representar la vegetación), sino también aplicando una técnica

determinada. Un terreno, que se modela utilizando yeso y tejidos está más próximo a la naturaleza que el escalonamiento de los estratos recortados según las curvas de nivel. Entre un naturalismo como el que conocemos del modelismo de trenes eléctricos y la gran abstración que significa emplear chapa de aluminio para representar el terreno y alambre para reproducir los árboles existen todos los escalones intermedios imaginables.

6.2.3 ¿Amortización o contraste?

Una pregunta que siempre nos hemos de plantear es la siguiente: ¿cómo se ha de reproducir en la maqueta la relación entre las preexistencias y el nuevo proyecto? La respuesta decidirá si el nuevo edificio y las nuevas superficies han de tener una apariencia similar o han de contrastar en cuanto a material, grado de detalle y color. Por armonización o contraste nos referimos a la manera de reproducir lo existente y lo nuevo en la maqueta y no a la relación del proyecto con el entorno (por ejemplo, adaptación del nuevo edificio a la altura de los edificios existentes). Aquí se nos presenta una posibilidad, a menudo utilizada, de introducir contrastes. De esta manera un edificio representado únicamente a través de los forjados puede parecer transparente al colocarlo al lado de un edificio representado únicamente por su volumen.

La armonización o el contraste respecto a los elementos existentes se consigue mediante los materiales, colores, textura de las superficies, técnicas de elaboración y grado de detalle. Utilizando unos materiales parecidos, la misma técnica y un grado de detalle similar conseguimos una armonización casi completa. El contraste entre materiales diferentes, por ejemplo, aluminio y poliestireno, se puede suavizar trabajándolos con el mismo grado de detalle.

84. Reproducción abstracta de un terreno. Base: plancha perforada de aluminio; terreno: chapa de aluminio de 1,0 mm de espesor; estructura espacial: alambre soldado; árbol: rama de tomillo.

6.2.4 Escala y material

La elección de los materiales también depende de la escala adoptada. Una madera con muchas vetas puede resaltar tanto que dificulte la lectura de la forma y el tamaño de un edificio. Sobre todo para las maquetas urbanísticas a escala 1:500 o menor no es conveniente utilizar materiales bastos cuya superficie presenta una estructura muy marcada. La forma de destacar mejor el relieve del terreno será utilizando materiales claros. En algunos casos tendremos que pintar la maqueta topográfica de color blanco. Por otro lado, una maqueta topográfica de color oscuro (madera de peral, láminas bituminosas) hará que un edificio blanco situado encima destaque mucho más. En cualquier caso el maquetista debería probar algunas combinaciones de colores y materiales para encontrar aquellas que mejor se adapten al objetivo que se pretende alcanzar con la maqueta.

Si reproducimos el terreno mediante estratos tenemos que elegir el grosor del material en función de la escala. Por ejemplo, si en los planos están dibujadas las curvas de nivel cada metro, quiere decir que a escala 1:100 necesitaremos un material de 10 mm de grosor. Para aminorar el efecto de escalonamiento se pueden introducir estratos intermedios (¡interpolados en el plano topográfico!). Con esto, y siguiendo con nuestro ejemplo, podemos repartir los saltos de un metro en cinco saltos de 20 cm cada uno, a los que corresponde un material de 2 mm de grosor.

Según la idea global que tenga el maquetista para construir la topografía del terreno podrá elegirse entre: cartón ondulado, cartón pluma, láminas bituminosas, corcho, «styropor», poliestireno, metacrilato y chapa metálica de aluminio, latón, etc. Para pegar de manera rápida y limpia los estratos suele utilizarse pegamento de impacto; sin embargo, hay que tener cuidado con los disolventes (¡realizar pruebas y trabajar en un lugar ventilado!).

Para construir la topografía del terreno hay que tener planos topográficos exactos en los que se hayan dibujado los edificios, caminos, carreteras, vegetación, árboles singulares, escaleras exteriores, rampas, muros de contención, etc. Si se ha proyectado un nuevo camino, hay que vigilar que las curvas de nivel atraviesen el nuevo trazado en ángulo recto. Si se han diseñado superficies horizontales, las curvas de nivel se han de dibujar de manera que aparezca una trinchera y un talud. Cuando esté todo preparado pasamos todos los datos significativos: curvas de nivel, contornos y elementos singulares a las correspondientes láminas de material. En algunos materiales (corcho) utilizamos papel de calco y una aguja.

Una manera sencilla de pasar el plano con las curvas de nivel, superficies, rampas, etc. a las láminas de material es la siguiente: realizamos un calco invertido del plano o mejor aún una fotocopia sobre papel autoadhesivo y la pegamos en el lado inferior de la lámina de material. (Más adelante, si queremos pintar la maqueta, necesitaremos otra copia del plano topográfico para recortar una plantilla.) Los estratos se recortan ahora por la cara inferior. Las superficies construidas, destinadas al tráfico o a zona verde se pueden tratar antes o después de recortar los estratos, pero en cualquier caso antes de montar el relieve topográfico.

Según el material que se haya empleado se recortan los estratos del terreno con un *cutter*, una sierra de calar o una sierra térmica, vigilando que la superficie de trabajo (base para cortar o banco de carpintero) esté limpia y no tenga grasa.

85. Maquetas a escala 1:500. Bases: tablero de madera aglomerada.
Compárese el ejemplo de la izquierda:
terreno: madera de tilo; edificios: madera de tilo; árboles: cilindros de madera de peral.
con el de la derecha:
terreno: cartón de 2 mm de espesor; edificios: madera de tilo pintada de color blanco (en los edificios nuevos se ha aplicado un moteado final de color gris); árboles: bolas de papel.

86. Construcción de maquetas topográficas con estratos. Copias invertidas del plano topográfico sobre papel adhesivo. Cálculo del tamaño de la base. Colocación del papel adhesivo sobre el material de los estratos (cartón pluma).
87. Recortando los estratos con la sierra de calar.
88. Base con una estructura escalonada auxiliar.
89. Reproducción de las vías de circulación y la superficie del solar con papel cuadriculado.
90. Construcción de la maqueta topográfica. Superposición de los estratos dejando libre la superficie construida.
91. La maqueta terminada.

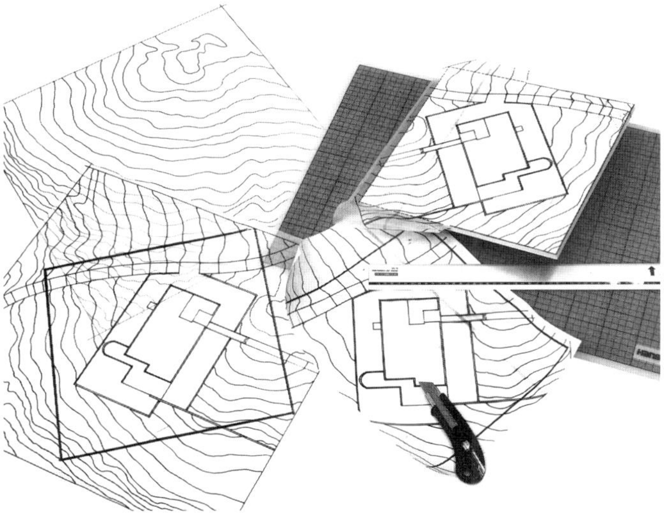

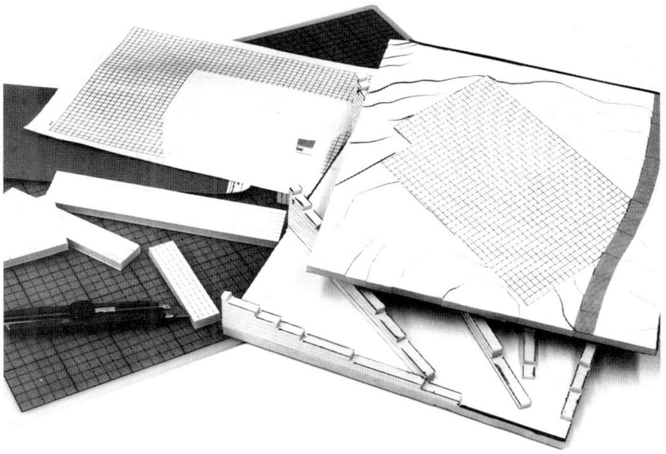

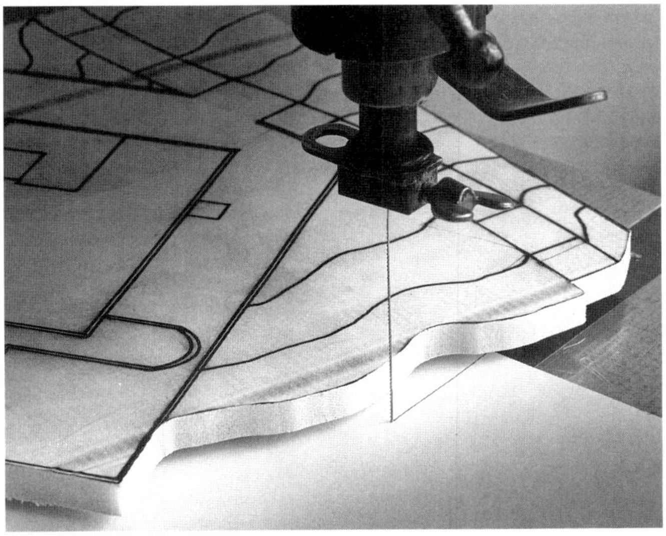

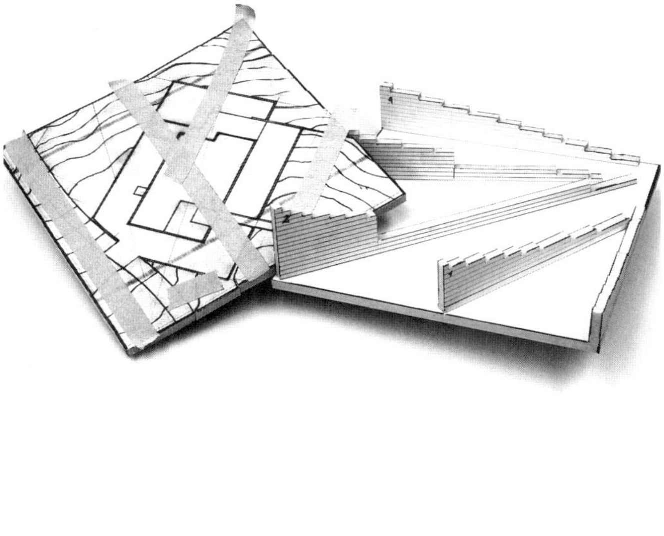

6.2.5 Zonas verdes, vías de circulación y láminas de agua

Una vez marcadas sobre la superficie del terreno las carreteras, caminos, superficies de aparcamiento, zonas de juego para niños, plazas públicas y los estanques, existen varias posibilidades para darles un acabado diferenciado. Presten atención a ello, pues la impresión global que produce una maqueta arquitectónica depende, en gran parte, de la precisión con la que estén delimitadas las vías de circulación y las zonas verdes.

La reproducción lineal.
Trazamos los límites con un lápiz afilado de dureza media (F a 2H). Se puede marcar incluso el sentido de circulación y las plazas de aparcamiento. Los contornos también pueden macarse con una aguja de acero o con un punzón en vez de con un lápiz.

En el caso de maquetas de concepto o de trabajo basta con marcar las líneas más importantes con alfileres e hilos.

En una superficie de poliestireno, metacrilato o chapa de aluminio, las incisiones realizadas para marcar los límites pueden resaltarse introduciendo pigmentos de color en ellas con ayuda de un tapón de algodón o de una gasa.

Los estratos no los recortaremos hasta haber realizado estas operaciones y sólo tras haber limpiado y lijado los cantos empezaremos a pegar los estratos entre sí.

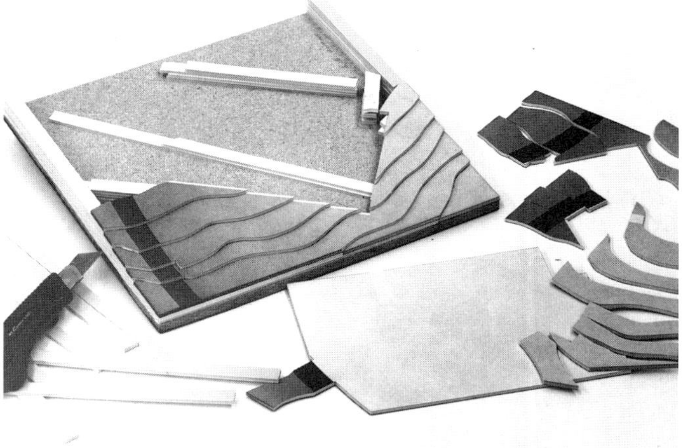

La representación plana.
Las superficies se pueden diferenciar entre sí utilizando distintas técnicas de collage, decollage y coloreado.

Collage significa copiar la superficie deseada (por ejemplo, una carretera) en un papel de color, recortarla y pegarla sobre la topografía del terreno. Eligiendo materiales adecuados (papel de color, de periódico, etc.) se pueden reproducir las superficies destinadas a un uso distinto de acuerdo con la idea global de la maqueta. Antes de empezar a trabajar deberíamos tener claras todas las variantes (composición de materiales). El procedimiento inverso es el decollage. Para esto se superponen diferentes papeles en la superficie del terreno y una vez seco el pegamento se recortan parcialmente con ayuda de un *cutter*. Con esta técnica se consiguen efectos interesantes. Este procedimiento se utiliza para introducir variaciones en grandes superficies (por ejemplo, zonas verdes).

La solución más sencilla es recortar la red viaria del plano y engancharla sobre la maqueta.

También podemos enganchar cinta adhesiva de diferentes colores y anchuras («letraline») o pensar en otras combinaciones de materiales y colores. De todas maneras no hay que exagerar y alcanzar un grado de detalle que no concuerde con el resto de la maqueta.

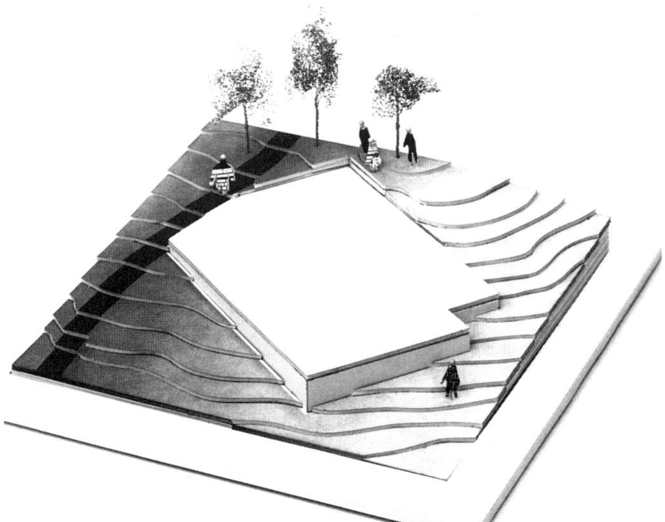

92. Maqueta topográfica de cartón pluma de 3 mm de grosor antes de recortar las curvas de nivel. Los caminos y las superficies ajardinadas se han coloreado con un aerógrafo.
93. Los estratos se han recortado con un *cutter* y se van enganchando sobre unas tiras del mismo material. Base de la maqueta: tablero de madera contrachapada de 8 mm de espesor.
94. La maqueta terminada. Los árboles se han reproducido con espuma rígida fijada sobre troncos de alambre trenzado.

95. Reproducción en relieve de las superficies ajardinadas y las vías de circulación. Edificios construidos con espuma rígida pintada de color blanco sobre la que se han enganchado fotocopias de las fachadas. Los árboles son cepillos planos.

Coloreado: con este entendemos en general el tratamiento a color de las superficies. La pintura se aplica con pincel o a pistola.

Si queremos utilizar una pistola, primero necesitamos recortar las plantillas con las que cubriremos todas aquellas partes que no hayan de pintarse. En el comercio se puede encontrar «película de enmascarar» débilmente adhesiva, que una vez recortados se pegan sobre el material que configura los estratos y a continuación se pinta la superficie que queda vista. Para cortar correctamente estos folios sin rayar o realizar hendiduras en el material de los estratos tenemos que apretar justo con la presión necesaria. Antes de aplicar un nuevo color debemos tapar las superficies terminadas con papel de periódico.

Para recortar las plantillas, en vez de «película de enmascarar» podemos utilizar una copia en papel de calco de nuestro proyecto.

Para pintar con pistola es imprescindible colocarse una mascarilla protectora.

Otra opción consiste en aplicar capas finas de pintura al tempera o pintura acrílica con un pincel redondo.

Para maquetas de concepto o de trabajo basta con pintar las carreteras, calles y caminos a mano con un pincel plano. La red viaria también podemos recortarla con papel de color y engancharla por unos puntos a la topografía del terreno.

Las superficies pintadas de color son delicadas. Por ello deberíamos empezar por recortar los estratos, fijarlos en su posición definitiva y sólo después aplicar el color correspondiente.

La representación plástica

Menos perceptible es el efecto conseguido al diferenciar las superficies de los materiales por su textura (punteados, rayados, rayados cruzados, etc.) que se realizan con una cuchilla o un punzón aprovechando el contraste respecto a las superficies sin tratar. Como en último término se trata de pequeñas sombras, es necesario que el fondo sea claro.

Otro procedimiento consiste en recortar las superficies construidas y las zonas verdes de un material muy delgado (papel, cartulina, chapa de madera), engancharlas y colorearlas con el mismo tono que el resto de las superficies. De esta manera las calles quedarán algo rehundidas. También es este caso es la pequeña sombra quien conforma la imagen.

Al tratar plásticamente las superficies tampoco deberíamos recortar los estratos del terreno hasta haber realizado todas las operaciones necesarias en beneficio de una imagen final unitaria.

Láminas de agua

Las láminas de agua también las podemos reproducir con los métodos descritos anteriormente, pero en algunos casos tiene más sentido adoptar una de las siguientes alternativas:

— papel de lija de grano con una mano de pintura de bronce plateado;
— cartón ondulado con una imprimación de color o sin ella;
— papel reflectante de aluminio;
— metacrilato celular;
— metacrilato colocado directamente encima de un papel de color;
— metacrilato colocado encima de papel de color con una cámara de aire intermedia.

El papel de color utilizado como base lo podemos elaborar nosotros mismos con un aerógrafo o una pistola, degradando la tonalidad de más claro o más oscuro, desde la orilla hacia el lugar de mayor profundidad.

96. Reproducción de láminas de agua: plancha de corcho de 2 mm pintada de bronce plateado; terreno: yeso modelado; árboles y arbustos: alambre trenzado con trozos de musgo.
97. Reproducción de láminas de agua: sobre cartón gris con tapagrietas aplicado con espátula. Terreno, árboles y arbustos idénticos a la maqueta anterior.

98. Isla colocada sobre una superficie reflectante.
99. Isla colocada sobre un vidrio con papel de color en su cara inferior.
100. Los estratos del terreno continúan por debajo del nivel del mar reproducido con un vidrio. El efecto de profundidad se acentúa aumentando progresivamente la densidad del color.

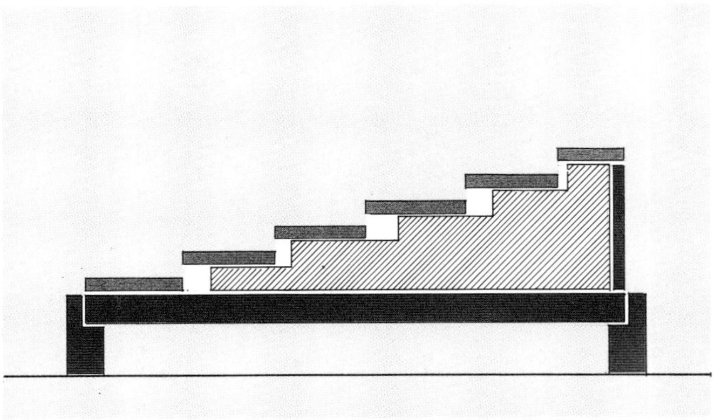

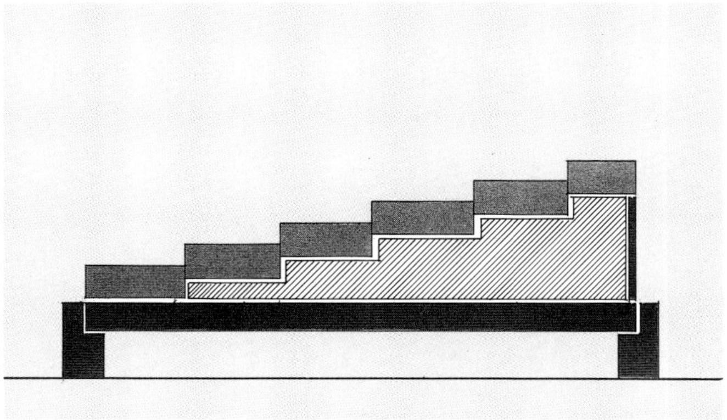

6.2.6 Construcción del relieve de un terreno mediante estratos

En principio existen tres posibilidades para construir un relieve topográfico:

— construcción maciza superponiendo estratos completos;
— construcción hueca colocando un plano inclinado o yuxtaponiendo varios planos;
— modelaje libre.

Construcción estratificada
En este caso a cada curva de nivel del plano le corresponde un estrato de la maqueta. El grosor de los estratos depende de la altura entre las curvas de nivel y la escala adoptada. (Para interpolaciones véase el apartado 6.2.4).

Superposición de estratos completos
La construcción de estratos completos implica una maqueta maciza, de gran resistencia y fácil de construir. Los estratos se recortan correlativamente empezando por el inferior y se unen entre sí utilizando cola de impacto.

En las grandes maquetas se prevén espacios huecos o rellenos de espuma rígida (una solución especialmente racional cuando se trata de terrenos con una pendiente muy pronunciada) para ahorrar material y disminuir el peso. Los modelos macizos pueden modificarse con mayor facilidad y permiten realizar cortes posteriores para rebajar una cota; según el material que se utilice puede perforarse y lijarse. Este tipo de construcción, debido a su estabilidad, es el más indicado para construir maquetas desmontables.

101. Esquema de una construcción topográfica en la que se ha previsto un espacio vacío para ahorrar material y disminuir el peso de la maqueta.
102. Esquema de una construcción topográfica mediante estratos superpuestos. La superficie rayada corresponde a la estructura auxiliar. Base con cajón para colocar el material gráfico.
103. Esquema de una construcción topográfica mediante estratos escalonados separados entre sí. La superficie rayada corresponde a la estructura auxiliar. La base se ha reforzado con un marco que visualmente hace de zócalo.
104. Esquema de una construcción topográfica con estratos escalonados de un grosor mayor a la distancia entre las curvas de nivel. La altura de la estructura auxiliar depende del grosor del material con el que se han construido los estratos.

Superposición de estratos incompletos
Para construir un relieve topográfico según este método nos basta con dos planchas de material del grosor adecuado. Marcamos en ambas todas las curvas de nivel y las numeramos. A continuación recortamos una de las planchas por las curvas impares y la otra por las curvas pares. La curva situada en el centro de cada pieza define el contorno hasta donde hemos de pegar la pieza superior. Las piezas se superponen alternativamente: a una procedente del tablero A (curvas impares) le sigue una del tablero B (curvas pares).

Este método significa un ahorro importante de material y peso, más para alcanzar la rigidez necesaria a veces requiere construir una estructura inferior. El material ha de ser lo suficientemente rígido para que cada una de las piezas sea autoportante. La posibilidad de efectuar modificaciones en la maqueta terminada es limitada (sólo se puede extraer material de la zona de superposición).

Estratos separados

En este caso recortamos todas los estratos de una misma plancha y los fijamos a una estructura inferior escalonada. Los cantos de cada pieza son a su vez el canto anterior del estrato superior y el canto posterior del estrato inferior. Si aceptamos que el relieve del terreno no quede cerrado, en el que por consiguiente no se lleguen a tocar los diferentes estratos, es indiferente el grado de resistencia del material empleado. Cuando éste es suficientemente rígido se podrá conseguir que el terreno quede cerrado. La ventaja de este método consiste no sólo en el ahorro de material y peso, sino también en la rapidez de construcción. También en este caso necesitamos un material que sea autoportante y no «fleche». Por esto no es aconsejable utilizar corcho, cartulina o materiales de escasa rigidez. Un inconveniente de este procedimiento es que las modificaciones quedan prácticamente excluidas.

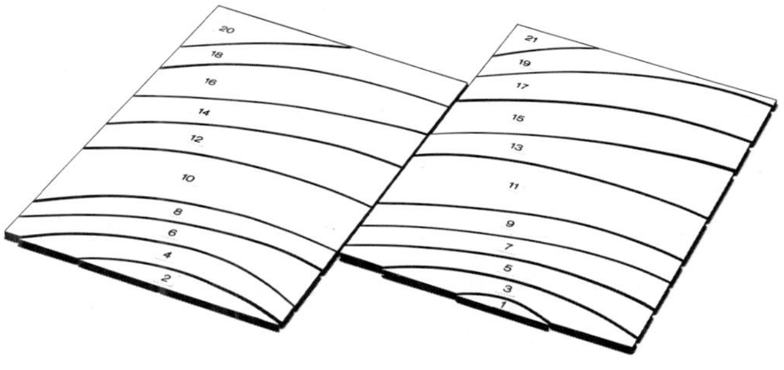

105. Esquema para la construcción de una maqueta topográfica de estratos superpuestos. Se necesitan dos planchas igual de grandes que la base para dibujar en una de ellas las curvas de nivel impares y en la otra las pares.
106. Esquema para la construcción de una maqueta topográfica con estratos superpuestos. El canto posterior del estrato inferior coincide verticalmente con el canto anterior del estrato superior.
107. Construcción de un relieve topográfico con estratos completos recortados en corcho de 2 mm de espesor. El plano, el papel de calco y la base tienen el mismo tamaño. Con una rueda dentada se marcan las curvas de nivel sobre el corcho y a continuación se cortan con un *cutter.*

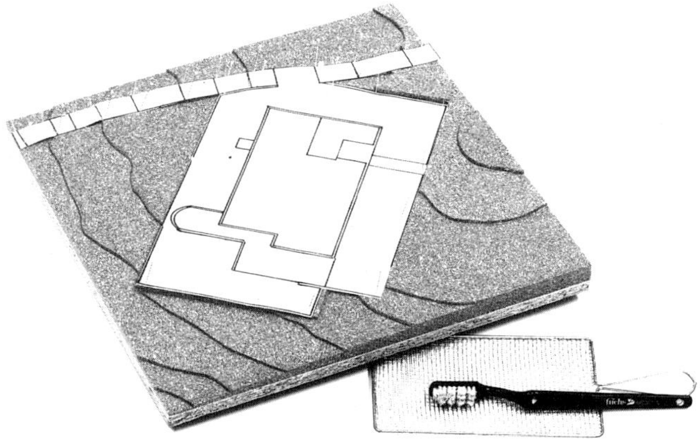

108. Reproducción de las vías de circulación y superficies ajardinadas. Las vías de circulación recortadas en papel se fijan con agujas a la maqueta topográfica. Con un cepillo y una malla de rociar se aplica una capa de color.

109. La maqueta topográfica terminada.

110. Maqueta topográfica con estratos superpuestos. El perímetro de la base se ha ajustado a la forma del terreno. Los estratos se nivelan mediante barras roscadas. La base es un tablero de carpintero de 16 mm de espesor; los estratos se han recortado en cartón gris de 2 mm de espesor; los árboles se han reproducido con tornillos y los edificios se han construido con madera maciza pintada de color.

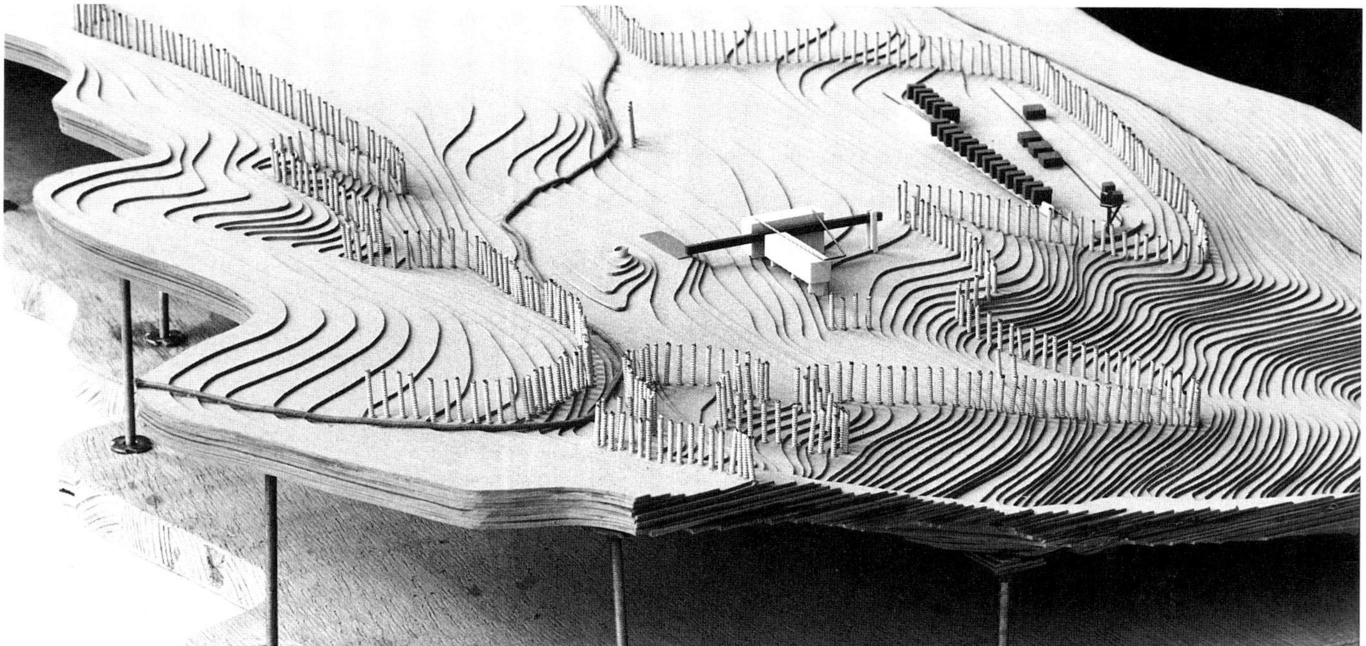

111. Maqueta topográfica libremente modelada con planos inclinados recortados en cartón pluma de 3 mm de espesor.
112. Maqueta topográfica libremente modelada. Base: tablero de madera aglomerada; estratos: «styropor» recortado con una sierra térmica y recubierto con tapagrietas.

113. Maqueta topográfica libremente modelada. Sobre un tablero de madera aglomerada de 10 mm de espesor se ha dibujado un sistema de coordenadas. Las cotas de altura se ajustan con espigas de madera que aguantan la malla metálica sobre la que se fijará el «papier-maché».

6.2.7 Construcción del relieve de un terreno mediante planos inclinados

Cuando se quiere evitar la imagen escalonada del terreno construido a base de estratos y el relieve no es muy accidentado, es una buena alternativa reproducir el terreno mediante superficies inclinadas. En el caso de una ladera con la misma pendiente en toda su superficie su reproducción a escala no presenta problema alguno. Esto no es así cuando la porción de terreno a representar no es paralela o perpendicular a las curvas de nivel. En este caso necesitamos determinar la altura relativa de todos los puntos perimetrales respecto a la cota más baja del terreno.

Si existe alguna línea de encuentro entre planos de diferente inclinación, la forma del terreno se puede reproducir de una manera abstracta, que puede ser muy conveniente según el tipo de proyecto que queramos situar encima. Se necesita cierta práctica para subdividir una determinada topografía en varios planos de diferente inclinación, dibujar su tamaño real y unirlas limpiamente.

6.2.8 Modelación libre

El modelaje libre permite una representación bastante «naturalista» del terreno. Son conocidas las reproducciones de relieves topográficos libremente modelados de las maquetas de trenes. También nos podemos encontrar ante ejemplos de este tipo en museos y exposiciones. En las maquetas arquitectónicas apenas se emplea esta técnica.

La topografía libremente modelada se elabora en tres fases:

Primero se construye la estructura inferior que reproduce los

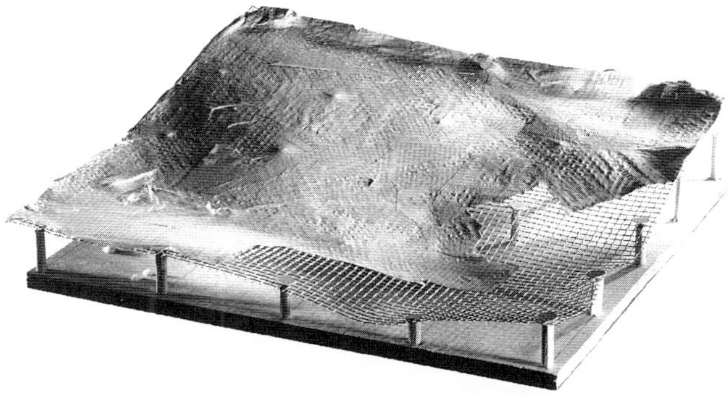

grandes rasgos del terreno. Para esto se emplean materiales fáciles de trabajar como «styropor», cartón pluma o cartón ondulado.

A continuación tendemos un tejido por encima de esta estructura: yute, gasa, tela arpillera o también malla metálica (tela mosquitera o de gallinero). Los tejidos (tela arpillera o yute) se recubren con una mezcla de cola y agua para darles forma y luego se dejan secar.

Por último, emplastamos el conjunto con un producto tapagrietas y modelamos con detalle la forma definitiva. La maqueta resultante es relativamente elástica y ligera.

Si la estructura inferior es de «styropor» no es necesario colocar un tejido. Con un *cutter* o un alambre caliente se modela a grandes rasgos la forma del terreno en el propio «styropor». A continuación lo recubrimos con algún producto tapagrietas.

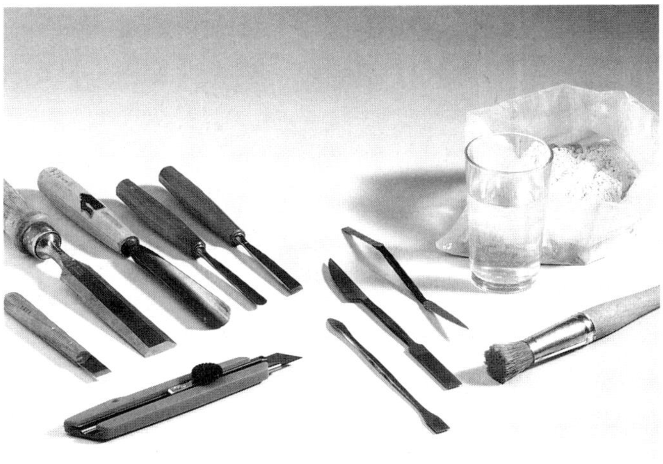

Al emplastar damos al terreno su forma definitiva y a las superficies la textura deseada: lisa o rugosa.

Si utilizamos tela metálica como soporte, primero la modelamos libremente a mano y luego la fijamos a la estructura inferior. En vez de emplastar la superficie configuramos el terreno con papel de periódico o cartulina delgada. Para ello recortamos piezas de unos 10 × 10 cm, los sumergimos en una mezcla de cola y agua y las colocamos sobre la tela metálica formando varias capas; es conveniente aplicar con un pincel algunas capas intermedias de la mezcla de cola y agua. Después de un día de secado podemos seguir trabajando en la maqueta. Una maqueta como ésta, de «papier-maché» es elástica y ligera.

6.3 Construcción de maquetas con yeso

En general, sólo nos encontramos ante maquetas de yeso en aquellos concursos en que son suministradas por la entidad convocante. La razón es la facilidad para fabricarlas en serie; para realizar un sólo modelo su elaboración es demasiado complicada. El punto de partida es el prototipo o molde, que ha de ser rígido y debe estar construido con gran precisión ya que los errores se transmiten a todos los modelos con dicho molde.

A partir del prototipo se fabrica el molde, la forma negativa, para lo cual se recubre cuidadosamente con una capa de arcilla de 5 a 10 mm de grosor y una capa de yeso que, en el caso de grandes moldes, se ha de armar con tela metálica o pequeñas varillas de acero. Una vez endurecido se extrae el prototipo, incluida la capa de arcilla, del molde de yeso. La arcilla se ha de sacar de ambas piezas: del prototipo y del molde de yeso. A continuación se vuelve a introducir el prototipo en el molde y se rellena el espacio intersticial con silicona.

Una vez vulcanizada la silicona se extrae con cuidado del molde de yeso junto con el prototipo. Luego se desprende también del prototipo. Por último se vuelve a colocar este negativo de silicona exactamente en su posición adecuada en el molde de yeso que ahora ya esta listo para ser utilizado cuantas veces se quiera.

A nosotros lo que nos interesa es saber cómo podemos incorporar nuestro proyecto a una maqueta de yeso.

Se han de seguir los siguientes pasos:

— eliminar aquellos elementos que se van a suprimir;
— situar los nuevos edificios;
— modificar la topografía (añadiendo o suprimiendo material)
— incrementar o renovar las vías de circulación;
— incorporar la nueva vegetación;
— marcar las posibles superficies de agua (estanques)

114. Herramientas y material para reparar y completar una maqueta realizada en yeso: diferentes punzones, escoplos, *cutters*, espátulas, pinceles, agua, yeso (tapagrietas).
115. Humedecer los elementos a extraer con un pincel.
116. Romper el terreno humedecido con punzones y escoplos. ¡El yeso es bastante duro y conviene aguantar y guiar las herramientas con las dos mano!

Una vez fijada la situación del nuevo objeto se ha de extraer, en algunos casos, la edificación existente. Como la maqueta de yeso suele haberse realizado con un único molde y por lo tanto la edificación y el terreno forman una unidad, los edificios se recortan con un *cutter* o con un formón. El yeso se puede cortar extraordinariamente bien si al comienzo del trabajo lo saturamos de agua, la cual se aplica en el lugar deseado con un pincel o una esponja.

Una vez extraídos todas las piezas a suprimir se pueden efectuar las modificaciones necesarias en el terreno. Si éste se ha de rebajar es conveniente mojar antes el yeso. Una vez dibujada la nueva curva de nivel en el yeso se recorta el nuevo canto con un *cutter.* A continuación se retira cuidadosamente con un formón el yeso sobrante. En caso de cometer algún desperfecto se puede disimular con tapagrietas y una espátula.

El relleno de la topografía se puede realizar de dos maneras. Los volúmenes pequeños se pueden modelar directamente con tapagrietas. Si se han de realizar rellenos mayores de curvas de nivel o de plazas se engancha una base de cartón, poliestireno o madera sobre la maqueta existente. La madera sólo se puede colocar sobre yeso seco ya que en caso contrario absorbe agua y se hincha.

En este tipo de maquetas la madera sólo se utiliza para reproducir la planta baja de un edificio o algún elemento plano. Para suplementar las curvas de nivel se utiliza cartón o poliestireno del grosor adecuado. Dibujamos el contorno de las curvas de nivel de la maqueta existente sobre papel transparente y añadimos el nuevo trazado de las curvas de nivel según los planos de nuestro proyecto. Ambas líneas se marcan con ayuda de papel de calco al material con el que vamos a realizar los estratos y se recorta. Las piezas se enganchan con cola de impacto a la maqueta de yeso. Las juntas se emplastan cuidadosamente con tapagrietas; el tiempo de secado puede disminuir utilizando un secador de aire caliente. Una vez modificado el relieve del terreno, según nuestras ideas, se incorporan los nuevos edificios, pero sin fijarlos aún. Si queremos que el proyecto armonice o contraste respecto al entorno, se aplica a los edificios una capa de pintura soluble al agua (pintura acrílica, tempera, etc.). Incluso diferenciar las distintas partes de los edificios utilizando varios colores.

Antes de fijar definitivamente la edificación se han de marcar las vías de circulación. Dado que en una maqueta de yeso no se puede eliminar la edificación existente y por ello es difícil aplicar una capa de color, se recomienda recortar las calles y plazas en cartulina blanca o de color e incorporarlas a la ma-

117. Modificar el relieve marcando las nuevas curvas de nivel y extrayendo el material sobrante.
118. Modificar el relieve recortando trozos de cartón o poliestireno del grosor adecuado y fijándolo a continuación con cola de impacto. Por último se emplastan las juntas con yeso o tapagrietas. Cuanto mayor sea la exactitud de las piezas añadidas menos trabajo de pulido tendremos que hacer después. Se puede acelerar el proceso de secado utilizando un secador de aire caliente. El acabado se realiza con una lechada de yeso.
119. Colocación de un proyecto nuevo sobre el terreno: delimitación de la superficie ajardinada y perforación de agujeros para introducir los troncos de los árboles.

queta. También podemos diferenciar las superficies modificando su textura con utensilios punzantes. Háganlo también con cuidado ya que de la limpieza de esta fase del trabajo dependerá en gran parte el aspecto final de la maqueta.

Tras haber modificado la topografía, señalado las vías de circulación y fijado los edificios, se incorpora por último la vegetación. Independientemente de los materiales utilizados para reproducirla (véase el apartado 6.5.1) es importante que su carácter concuerde con la imagen global de la maqueta.

Los árboles tienen troncos. Según la escala y tipo de maqueta podemos utilizar mondadientes, agujas, pequeñas varillas, etc. Encima se fijan las copas de los árboles realizadas con el material que hayamos elegido (véase el apartado 8.1). Vuelvo a repetir aquí que una vegetación reproducida con fantasía influye positivamente en el aspecto final de la maqueta. Los troncos se han de introducir siempre en el yeso para que no se rompan con tanta facilidad. Para pegarlos se emplea cola de carpintero, ya que sus restos no brillan ni dejan hilos, dos defectos que en las fotografías resaltan mucho. Para finalizar se deberían incorporar algunos elementos que den una idea de la escala, como personas, automóviles, mástiles de bandera, etc.

6.4 La edificación

A excepción de unos pocos casos, por ejemplo maquetas topográficas o maquetas urbanísticas, la edificación suele ser el centro de atención de nuestro trabajo como maquetistas. Todos los pasos previos —como preparación de la base, reproducción del relieve del terreno, delimitación de las diferentes superficies e incorporación de elementos que dan una idea de la escala— sirven, en última instancia, para proporcionar al edificio o grupo de edificios el entorno y ambiente adecuados y hacer inteligibles las relaciones espaciales.

Antes de empezar a reproducir la edificación comprobaremos si la documentación que poseemos es suficiente, si tenemos los materiales elegidos y si estamos en condiciones de trabajarlos con las herramientas que disponemos y las técnicas que conocemos.

120. Maqueta de un edificio a escala 1:50. Estratos del terreno y forjados: cartón pluma de 5 mm de espesor con los cantos tapados con tiras de papel pegado; superficies acristaladas: metacrilato; carpintería: cinta adhesiva de color. El edificio se ha reproducido desde la planta sótano apoyada directamente sobre la base de la maqueta.

121. Maqueta de un edificio a escala 1:50. Base: tablero de carpintero de 13 mm de espesor; estratos del terreno: cartulina; edificio: metacrilato en el que se han recortado las ventanas y poliestireno pegado por detrás; carpintería: cinta adhesiva enganchada sobre el poliestireno; barandillas: alambre soldado. Se puede ver el espacio interior de una de las unidades de vivienda levantando el tejado.

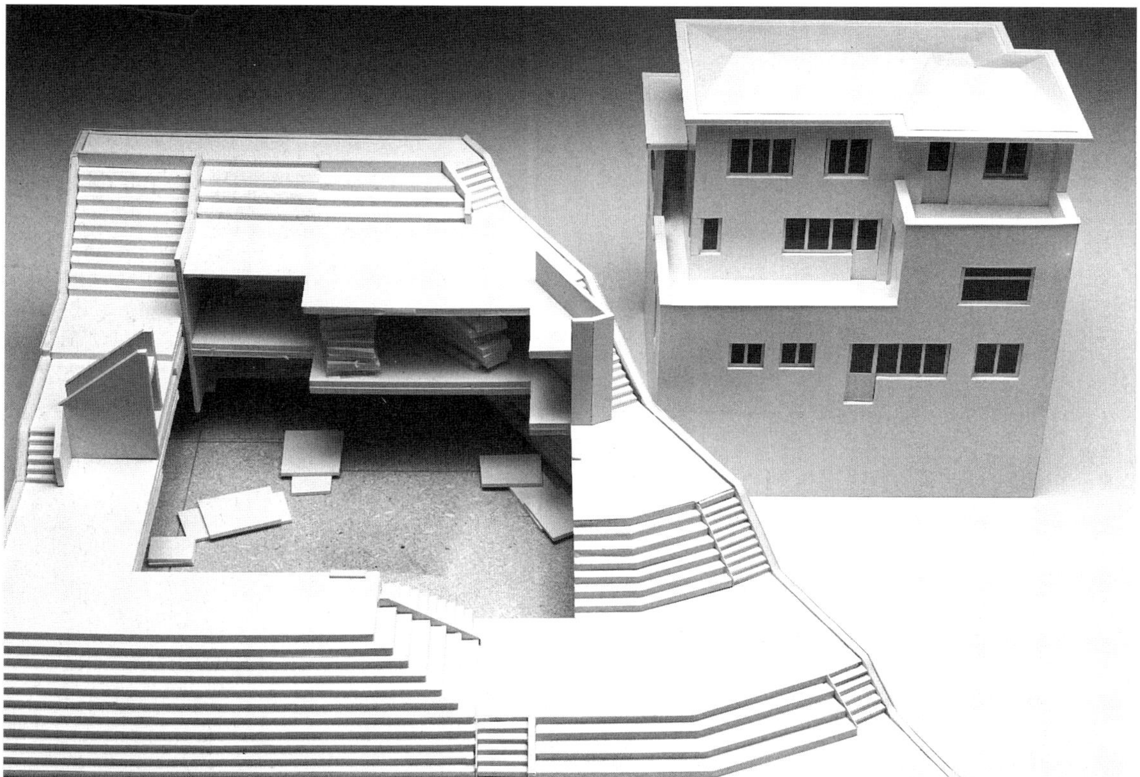

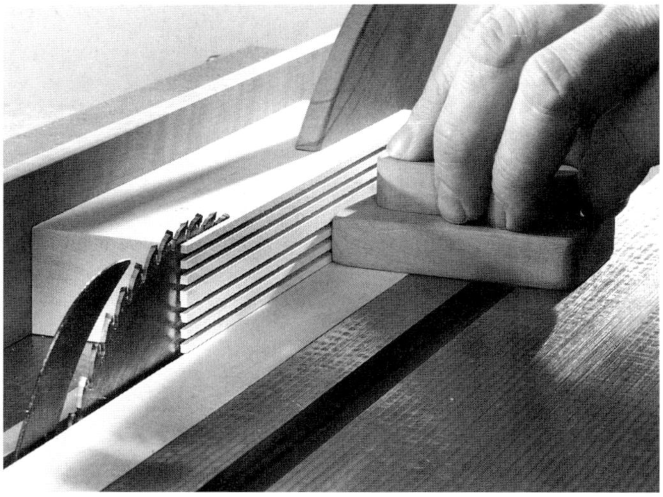

Para preparar correctamente el trabajo recomendamos atenernos a los siguientes puntos:

1. Complementar los planos del proyecto con dibujos específicos para reproducirlos a escala en la maqueta. Por medio de fotocopias ampliadas o reducidas podemos obtener fácilmente dibujos a la escala deseada.
2. Reflexionar sobre el grado de detalle a alcanzar en la maqueta. Para esto tenemos que tener muy claro qué aspectos y elementos de la edificación son imprescindibles para que se pueda entender nuestro proyecto.
3. Una vez elegida la escala adecuada, el grado de detalle a alcanzar y nuestros objetivos formales, deberíamos calcular la cantidad que necesitamos de cada uno de los materiales.
4. Preparar las listas necesarias, los dibujos complementarios y efectuar algunas pruebas de materiales.
5. ¿Cómo fijaremos la edificación a la base? ¿Colocaremos el edificio encima del terreno o lo construiremos de manera que llegue hasta la base de la maqueta dejando el correspondiente hueco en el relieve del terreno?

La construcción de las distintas partes
Como ya se ha explicado, las maquetas arquitectónicas, al igual que los edificios que reproducen, podemos entenderlas como un volumen, una superficie, una malla espacial o una combinación de las tres.

Antes de empezar a construir una maqueta arquitectónica tenemos que tener claro si la concebimos desde fuera, es decir, como un objeto plástico, como una imagen de su estructura interior o como un diálogo entre el espacio interior y el exterior. La decisión adoptada determina la manera de entender y por lo tanto de construir la maqueta.

6.4.1 Perfiles y varillas

En las tiendas podemos encontrar perfiles prefabricados de sección circular, rectangular y cuadrada de madera, de poliestireno, de aluminio, de metacrilato y de latón. De este último material también se pueden encontrar pequeños perfiles en forma de I, L y T. La oferta es extensa, pero sin embargo en muchos casos tendremos que fabricarnos nuestros propios perfiles con la sección y dimensión adecuadas.

122. Elaboración de perfiles de madera. En un prisma rectangular de madera maciza se sierra un «peine» que en la fase fotografiada se vuelve a serrar perpendicularmente. Las hendiduras no pueden ser demasiado profundas para que al serrar no se doblen en exceso.
123. Perfiles serrados. Pegando un papel adhesivo en la cara anterior del «peine» se evita que se pierdan las piezas.
124. Corte de perfiles en forma de U o L. En caso de necesitar perfiles muy pequeños, primero se sierra la cara interior del perfil en una pieza de madera bastante ancha de la que sólo se separa en la última fase de elaboración.

125. Elaboración de perfiles en serie (madera de arce). En un perfil rectangular se recorta un perfil en forma de silla mediante cortes sucesivos. ¡Observar las medidas de seguridad al realizar los cortes transversales y longitudinales!

126. Elaboración de vigas perforadas. Fases del proceso: taladrar con precisión los agujeros correspondientes. Cortar hendiduras hasta la mitad de la anchura del perfil con una sierra de 1,0 mm de espesor entre los agujeros. Separar capas de 1,0 mm de espesor y ensamblarlas entre sí.

127. Elaboración de arcadas en madera maciza (arce). Fases del proceso: (1) dibujar la modulación sobre una de las caras del perfil; (2) taladrar pequeños agujeros en el centro de los arcos; (3) perforar los agujeros a medida de los arcos; (4) serrar el material sobrante entre los pilares (sierra circular); (5) cortar longitudinalmente en capas el perfil original (sierra circular); (6) incorporación a la estructura portante.

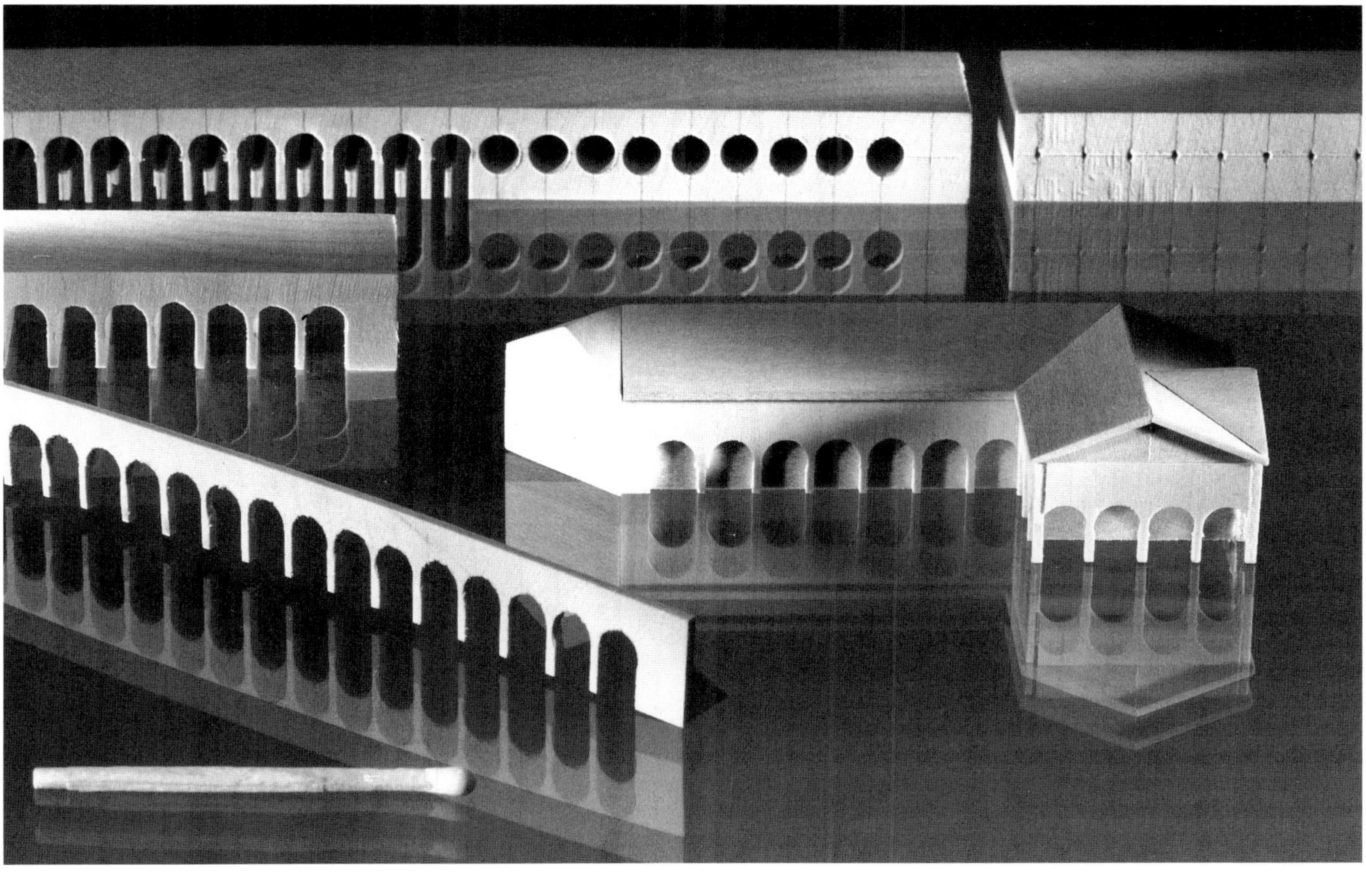

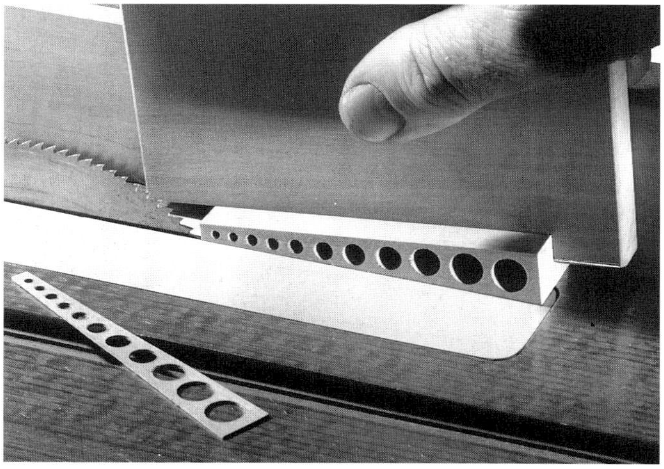

128. Maqueta de un pabellón sobre la entrada a un aparcamiento subterráneo a escala 1:50. Base: tablero de madera aglomerada de 8 mm de espesor; acera y escalera: poliestireno de 3 mm de espesor; pilares: perfiles de PVC de 4 mm de diámetro; vigas perforadas: madera de peral: cubierta: lámina de metacrilato de 0,75 mm de espesor; malla de alambres soldados de 0,8 mm.
129. Corte de pequeñas vigas perforadas en la sierra circular: con ayuda de una pieza auxiliar de madera, los elementos más pequeños se pueden empujar con seguridad y precisión a lo largo de la hoja de la sierra circular.

Los materiales que podemos utilizar son los siguientes:

1. cartulina, cartón y cartón pluma
2. metacrilato o poliestireno
3. madera de balsa, peral, tilo, álamo, arce y aliso
4. latón, aluminio y alambre de acero.

Varillas y perfiles de madera
Para su elaboración necesitamos una sierra circular y en casos especiales un troquelador. Hay que tener en cuenta el sentido de las vetas.

6.4.2 Superficies

Para construir las diferentes superficies se puede utilizar papel, cartulina, cartón, madera contrachapada, de balsa, de peral, de arce, de aliso, de tilo y poliestireno o metacrilato, así como chapa de aluminio o latón.

Superficies curvas
Las láminas delgadas de cartulina, cartón pluma, poliestireno, metacrilato o madera de balsa se pueden curvar, pero debido a su elasticidad tienden a recuperar su planeidad original. Para que mantengan la curvatura realizamos varias incisiones paralelas con una cuchilla en la cara de la curvatura en sentido perpendicular a la misma (ilustración 136). Allí donde molesten las incisiones se puede pegar encima un pequeño trozo de papel blanco o de colores.

Para construir una pirámide circular truncada o un sector circular, se ha de recortar primero el arco interior sobrante.

Fachadas
Al construir las fachadas de los edificios proyectados se suelen reproducir únicamente las aberturas (acristaladas o sin acristalar) y las superficies ciegas (paños de muro). A esto se le añaden los voladizos y retranqueos, las juntas y aleros, balcones, brise-soleil y escaleras exteriores. Al construir una fachada no sólo tenemos que reflexionar sobre la escala de reproducción y el grado de detalle, sino que por encima de ello tenemos que concebir las superficies de las fachadas como una tarea formal (de diseño), en la que además de determinar las proporciones de cada una de las superficies, también tenemos que estudiar la relación de las partes y elementos de una fachada entre sí. Tan importante es la situación de la fachada como su forma. ¿Domina la verticalidad o la horizontalidad? Además de los contrastes en cuanto a tamaño, forma y direccionalidad, pueden introducirse contrastes mediante combinaciones de materiales (metal-poliestireno-cartón, etc.), de texturas (reflectante-antireflectante, brillante-mate, granulada-satinada, etc.) de tonalidad (claro-oscuro) y de colores. Tenemos que decidir ahora qué contrastes queremos conseguir y cómo los realizaremos para que la maqueta, una vez terminada, se ajuste a la imagen deseada.

Para reproducir los elementos de una fachada existen las siguientes técnicas:

1. Pegamos sobre la construcción portante los planos de los alzados, a color cuando sea necesario. En las maquetas sencillas pueden engancharse directamente fotocopias reducidas del proyecto.
2. Se puede obtener una imagen más naturalista ampliando fotografías de fachadas existentes y enganchándolas sobre

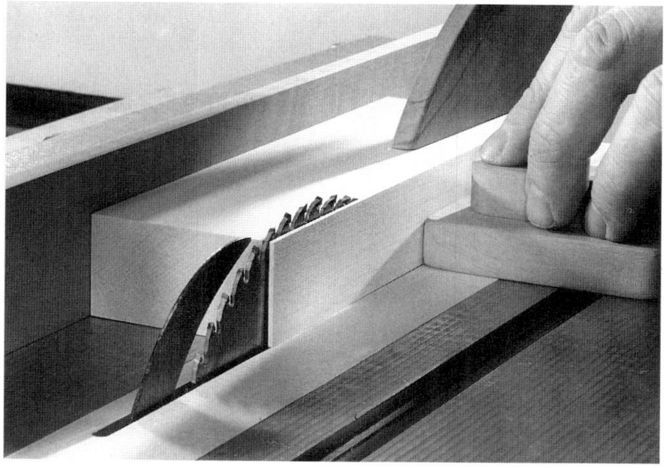

130. Corte de láminas delgadas de una pieza de madera dura. Las láminas serradas han de poder desplazarse lateralmente. Con el «empujador» (apoyado horizontalmente sobre el banco) se hace avanzar la pieza de madera a cortar hacia la hoja de la sierra y con la pieza de guía sujetada con la mano se presiona la lámina contra la hoja para evitar que se rompa transversalmente.
131. Corte de una malla. En una delgada plancha de madera dura se sierran hendiduras por ambas caras, pero en sentido perpendicular. Las hendiduras han de tener una profundidad algo mayor a la mitad del espesor de la plancha.
132. Corte de formas curvas en madera de arce: (1) dibujar el contorno; (2) serrar y pulir una de las caras; (3) serrar y pulir la segunda cara. Las piezas pequeñas se han de dejar lo más acabadas posible antes de desprenderlas de la gran pieza de madera.
133. Corte de anillos de madera maciza: (1) fijar la madera sobre la mesa de trabajo; (2) taladrar y pulir el circulo interior; (3) serrar aproximadamente el circulo exterior y contornearlo con una lijadora eléctrica.

los edificios de la maqueta. Con un areógrafo y folios de colores pueden conseguirse efectos suplementarios. Estas fachadas «fotográficas» también se pueden recortar y desplazar en altura y profundidad para producir un mayor efecto tridimensional.

3. Montamos un collage con varios materiales, que recortamos según las dimensiones de la fachada y pegamos encima del edificio.
4. Las superficies de un volumen macizo también se pueden tratar directamente pintándolas.
5. Las superficies de un volumen macizo también pueden configurarse directamente realizando hendiduras, incisiones, etcétera y superponiendo perfiles y pequeñas láminas.
6. Elaboración de la fachada como superficie por sí misma: una fachada se puede elaborar tanto como una capa propia como una fachada de varias capas. Por último, puede fijarse a una construcción portante o ser ella misma autoportante. De esta manera, las capas de fachada configuran la piel exterior del edificio.

Las superficies de fachadas de una sola capa pueden construirse con metacrilato, poliestireno y chapa de aluminio o latón. Con una cuchilla afilada se pueden practicar incisiones para reproducir las juntas de un aplacado, la carpintería de las ventanas, etc. Aplicando pintura de color en estas pequeñas hendiduras su puede conseguir que destaquen del resto de la superficie. Se puede colorear toda la fachada con una pistola, un aerógrafo o enganchando folios de color (veáse el apartado 6.2.5).

134. Detalle de un fachada a escala 1:25. Módulos planos de la fachada: metacrilato de 3 mm de espesor; módulos curvos: tubo de metacrilato de 100 mm de diámetro; superficies opacas: pintura gris; juntas: hendiduras de 1,0 mm de profundidad realizadas con una sierra circular en las que se ha pegado cinta adhesiva por ambos lados; voladizos de limpieza: poliestireno de 1,0 mm de grosor al que se ha pegado tela metálica; montantes verticales: tubos de PVC de 2 mm de diámetro.

135. Maqueta de una fachada a escala 1:50. Pilares: cartón pluma de 5 mm de espesor; planta baja: poliestireno de 1,0 mm de espesor; superficies acristaladas: metacrilato transparente de 1,5 mm de espesor; despiece de la carpintería: cinta adhesiva; pilares: perfiles de madera; plantas 1.ª, 2.ª y 3.ª: paños verticales y cantos de los forjados: poliestireno de 2 y 3 mm de grosor; friso: madera; superficies acristaladas: metacrilato de 1,5 mm con incisiones que reproducen la retícula del pavés; carpintería: cinta adhesiva; distinción entre vidrio y pavés mediante cartulina de diferente color; plantas 4.ª y 5.ª: mismos materiales que en la planta baja; estructura vista: alambres soldados. Todas las superficies están unidas entre sí con papel transparente adhesivo por ambas caras.

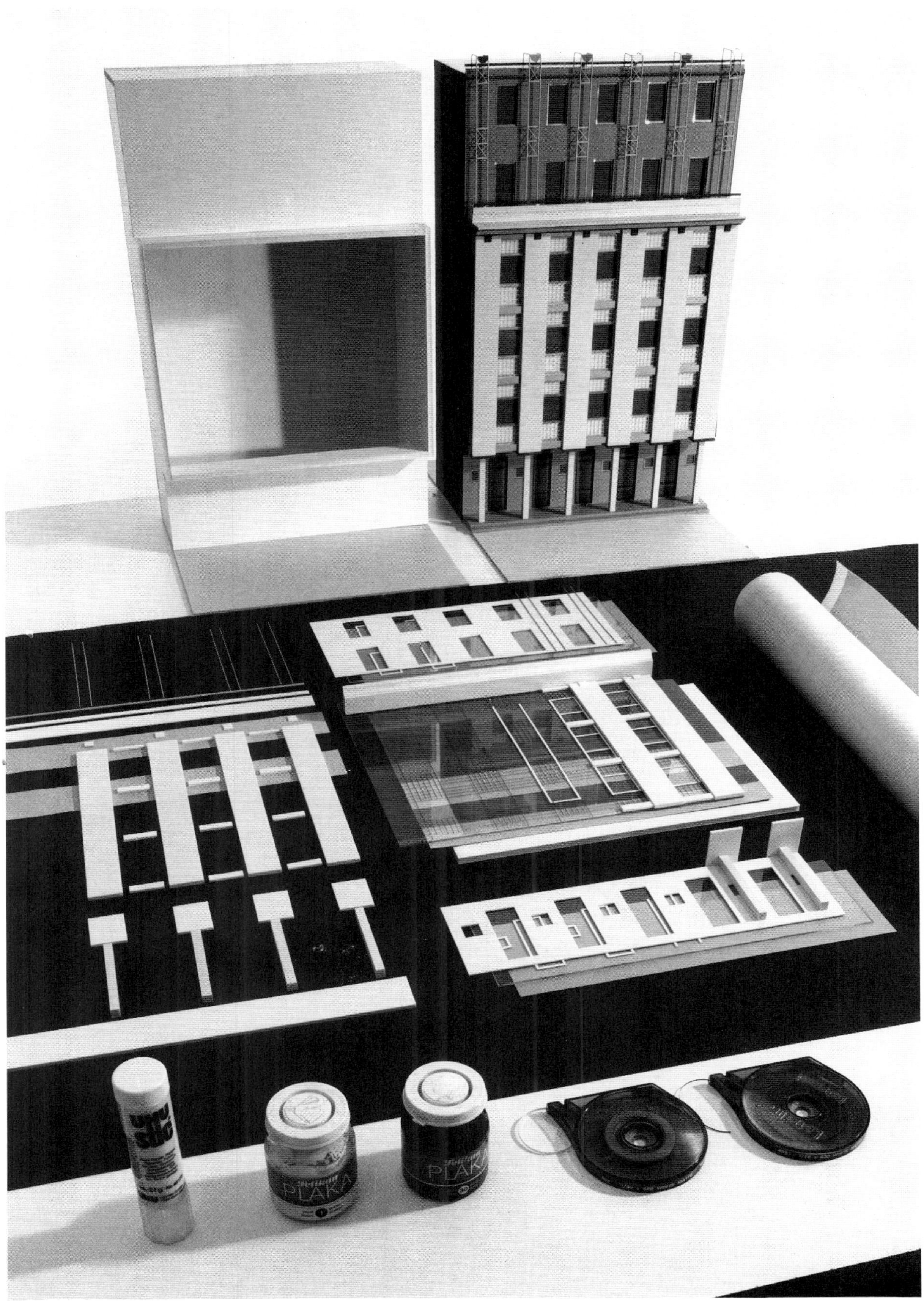
PLAKA
PLAKA

136. Se pueden obtener muros curvos calentando planchas de metacrilato con un secador de aire caliente. Las planchas de 0,8 a 1,0 mm de grosor se pueden curvar realizando incisiones verticales en una de las caras. Sin embargo, es más fácil curvar materiales como cartón ondulado, plancha perforada o malla metálica. En el caso del cartón y el cartón pluma se han de realizar pequeñas hendiduras por el lado convexo.

137. Realizando hendiduras con un *cutter* se pueden gravar retículas u otros grafismos sobre planchas de poliestireno y metacrilato. ¡Para efectuar cortes enteros es preferible hacer varias pasadas con el *cutter*!

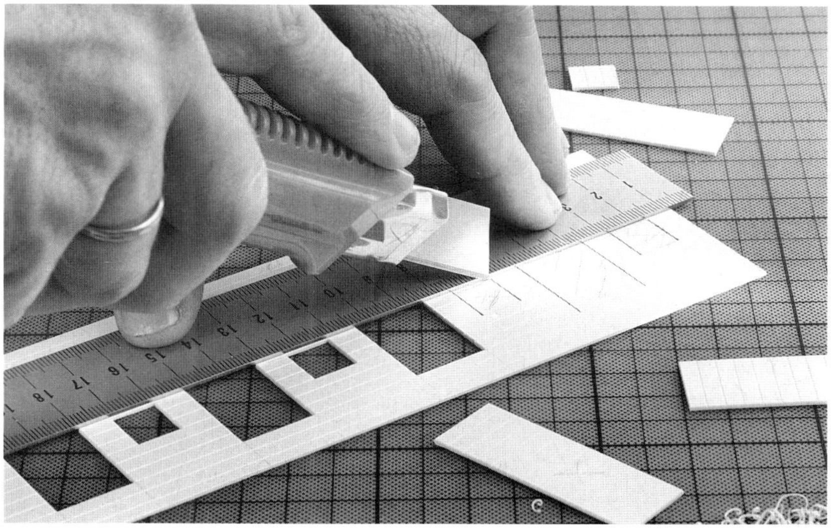

138. Para cortar con precisión láminas de papel, cartulinas, cartones y planchas de poliestireno o metacrilato es imprescindible utilizar una cuchilla bien afilada, una regla de acero de canto recto y una buena base.

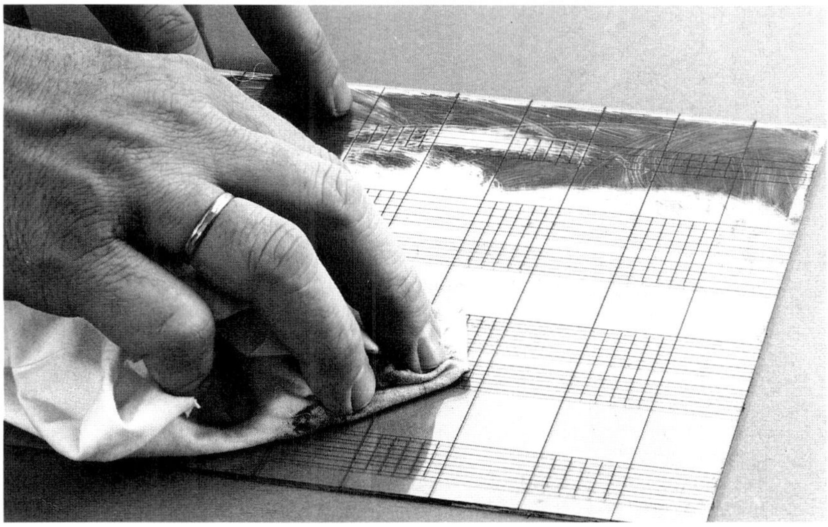

139. Las hendiduras practicadas con el *cutter* pueden rellenarse con pigmentos de pintura soluble al agua (utilizar un paño suave que no suelte pelos). Una vez seca la pintura se vuelve a pulir la superficie para que quede incolora a excepción de las hendiduras.

140. Las uniones más limpias entre piezas de metacrilato y poliestireno se consiguen utilizando pegamentos con disolventes acuosos. Las piezas a unir han de coincidir exactamente; con un pincel de acuarela se aplica el disolvente a lo largo de la junta con lo que se disuelve en parte la superficie a pegar y ambas piezas quedan «soldadas» entre sí. En nuestra experiencia es peor inyectar el pegamento ya que es muy difícil obtener la dosificación exacta.

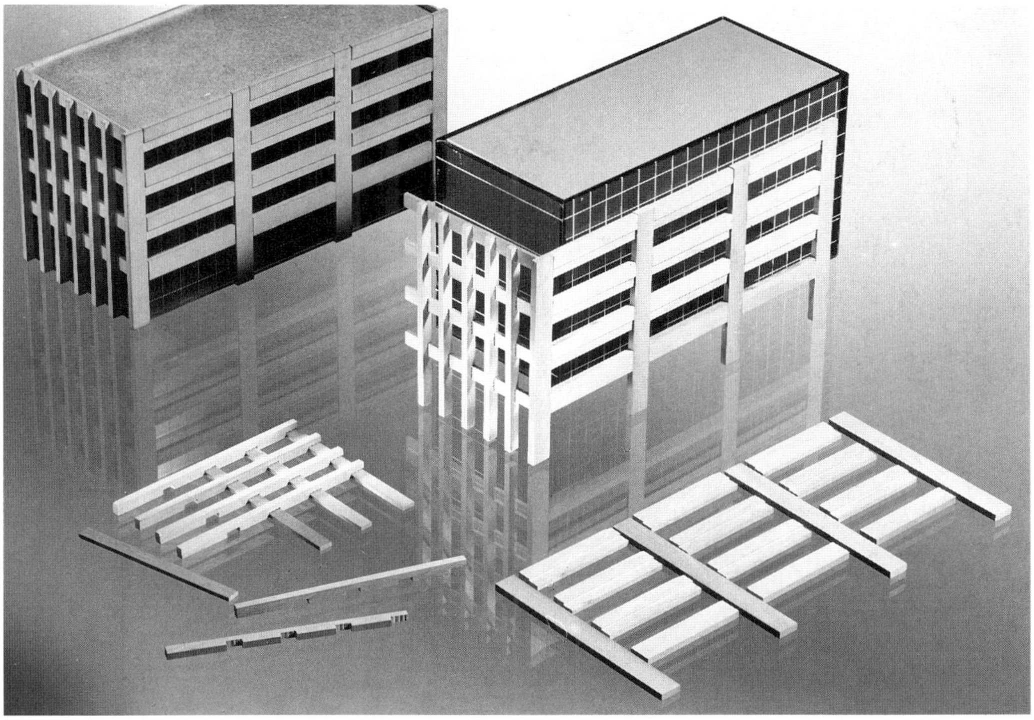

142. Maqueta de un edificio a escala 1:200. Cubo portante (sin forjados en el interior) de metacrilato de color oscuro con hendiduras pintadas de color blanco. Pilares y antepechos de los balcones: madera de peral.

143. Maqueta de un edificio a escala 1:200. Cubo portante de poliestireno gris de 3 mm de grosor. Fachadas intercambiables de metacrilato con diferentes detalles.

141. Fachada a escala 1:50. En las fachadas reproducidas a una escala grande, en vez de recubrirla toda por detrás con metacrilato se pueden colocar marcos con «vidrios» o sin ellos. Fachada: cartón pluma de 10 mm de espesor, en el que se han recortado las aberturas con un *cutter* y se han pegado tiras de papel para tapar los cantos. Planta baja: sin marcos; planta 1.ª: marcos de perfiles de latón 1 × 3 mm soldados; planta 2.ª: marcos de alambres de acero de 1,2 mm soldados; planta 3.ª: vidrios de metacrilato de 1,0 mm de espesor, marcos de cinta adhesiva.

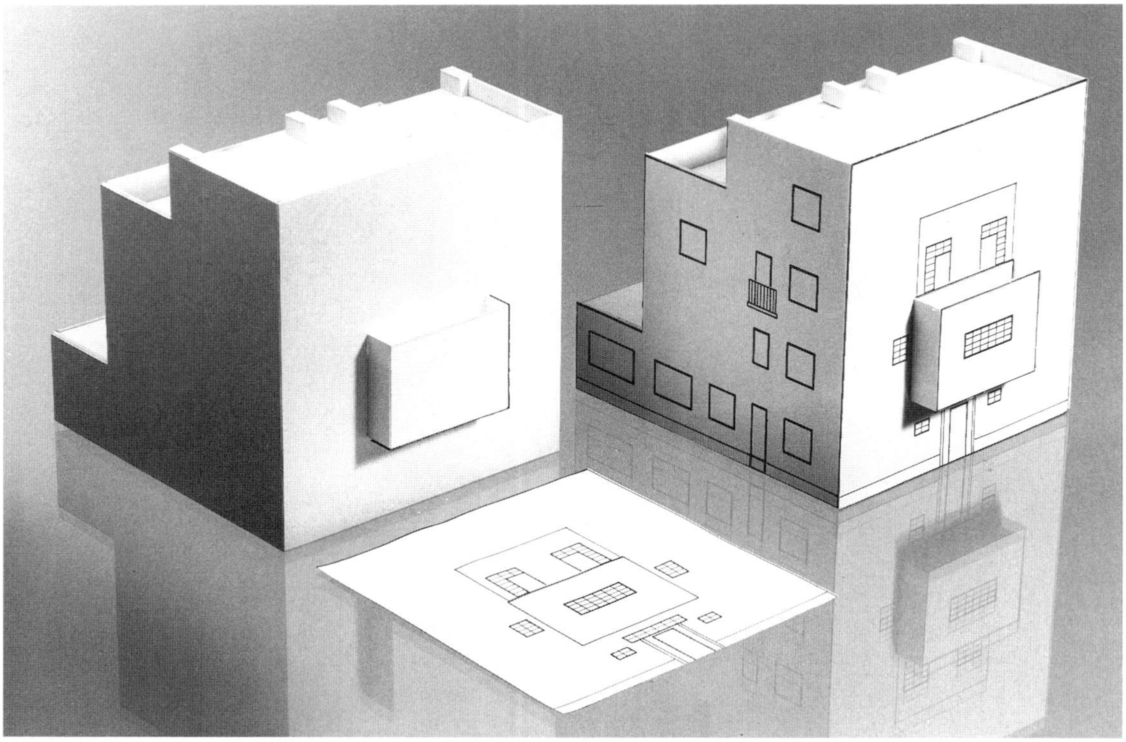

144. Maqueta de un edificio a escala 1:100. Edificio de cartón pluma de 1,5 mm de grosor. A la izquierda el volumen del edificio y a la derecha la imagen que se obtiene enganchando copias de los planos de las fachadas.

145. El mismo proyecto anterior. La fachada reproducida a la izquierda se ha construido con cartón cromado de 1,0 mm y las ventanas se han recortado y cubierto con papel de color por detrás; en el ejemplo de la derecha las ventanas simplemente se han rehundido.

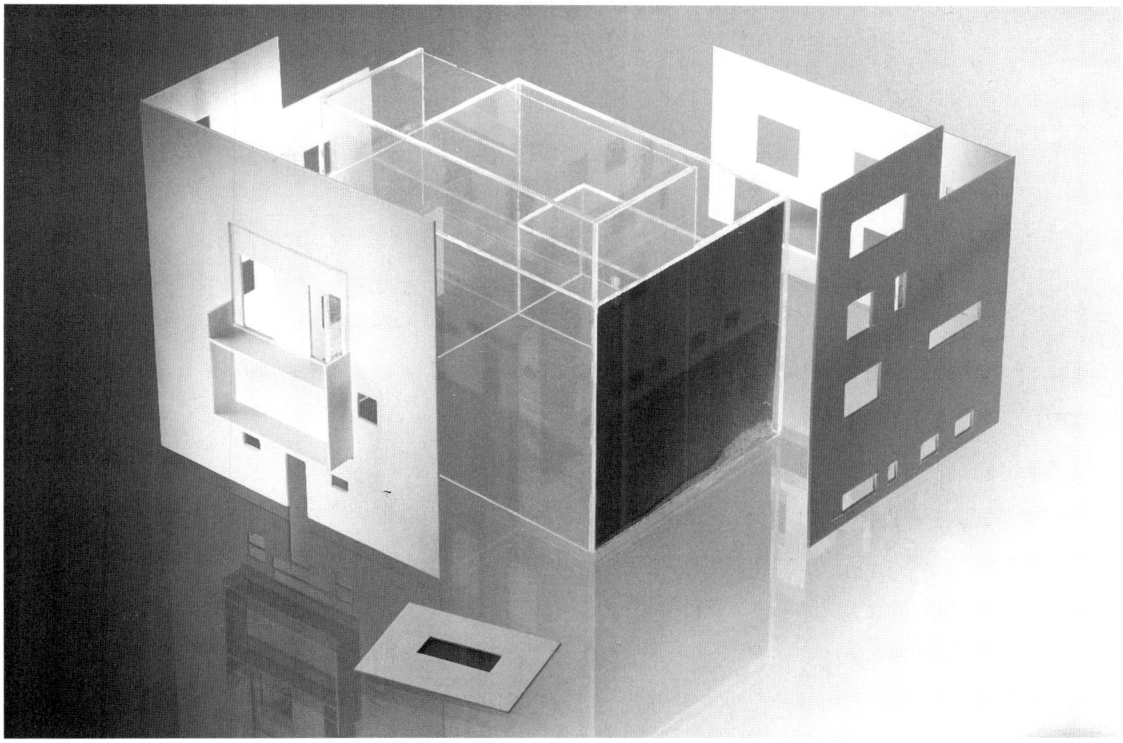

146. Maqueta de un edificio a escala 1:100. Cubo de metacrilato de 1,5 mm de espesor recubierto con papel de color gris. Fachada perforada de poliestireno de 1 mm de grosor fijado con papel adhesivo por ambas caras.

147. Maqueta de un edificio a escala 1:100. Construcción idéntica al ejemplo anterior, pero con la carpintería reproducida mediante hendiduras pintadas. Las barandillas son de alambre soldado.

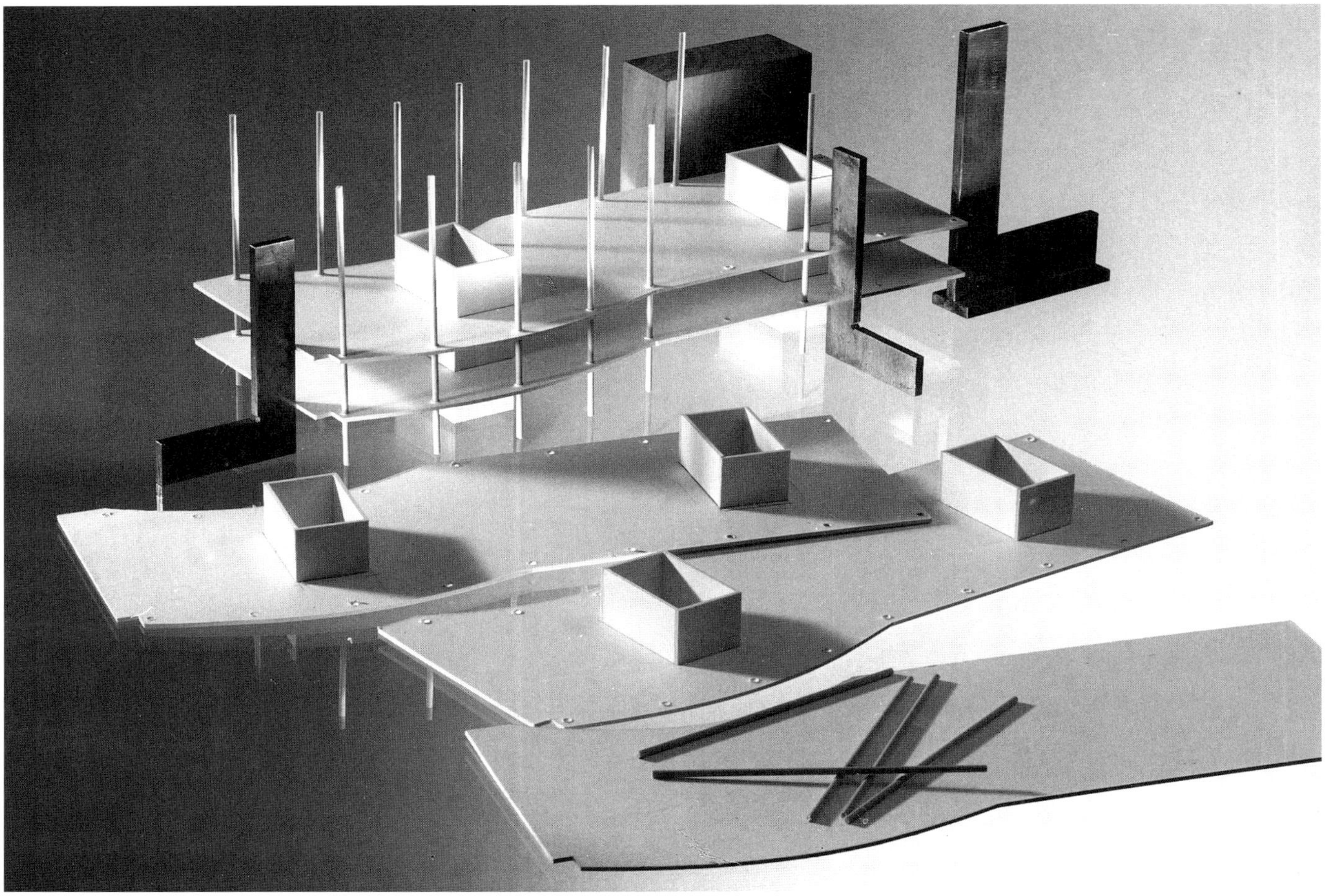

148. Esquema para construir la maqueta de un edificio a escala 1:200 en la que se pueda ver el espacio interior. Forjados y piezas para mantener la distancia: cartón de 1,5 mm. Pilares pasantes: perfiles redondos de PVC de 2 mm de diámetro. Para el montaje se utilizan escuadras metálicas.

149. Diferentes modelos de fachadas para la maqueta anterior. Izquierda: fachada de vidrio reproducida con una lamina de metacrilato de 1,0 mm de espesor con incisiones y doblada. Derecha: modulación realizada con alambre soldado de 0,8 mm de grosor. Los diferentes elementos se pueden combinar entre sí. El acristalamiento también se puede colocar detrás de la fachada perforada (ejemplo no fotografiado).

150. Diferentes materiales y estructuras para cubiertas. Tejas: poliestireno con incisiones y pintado de color. Chapa ondulada: cartón micro-ondulado sobre una base de espuma rígida. Cubierta bituminosa: planchas de corcho barnizadas o pintadas. Cubierta de chapa metálica: chapa de aluminio o cobre. Cubierta a dos aguas: tela atirantada. Cubierta de grava: papel de lija de diferente grano. Pérgolas: tela metálica.

Las fachadas construidas superponiendo varias capas suelen tener una base de metacrilato del tamaño de la fachada entera. Sobre su cara anterior se pegan los elementos macizos del muro (trozos de poliestireno, madera o cartón) en los cuales ya se han recortado las aberturas correspondientes a las ventanas y puertas, de manera que se vea el fondo transparente de metacrilato. Por último, aún se pueden enganchar papeles de color o láminas metálicas para conseguir el acabado final de las fachadas. La carpintería de las superficies acristaladas se puede reproducir mediante incisiones (coloreadas o no) o pegando cinta adhesiva. Aquel que quiera elaborar su propia cinta adhesiva puede enganchar folios o cartulina de colores sobre papel adhesivo por las dos caras y recortar bandas del grosor deseado.

Tejados y terrazas

¡Las superficies de cubiertas y terrazas no deberían descuidarse! Las maquetas suelen contemplarse desde arriba y en la mayoría de los casos estas superficies son las que más se ven. También aquí, al decidir cómo configurarlas, hemos de plantearnos la pregunta: ¿naturalista o abstracta? Se ha de pensar en la escala de trabajo y en la relación entre todas las partes de la maqueta. En las maquetas a escala muy pequeña las cubiertas suelen dejarse sin tratar.

Como materiales se pueden utilizar: cartón ondulado con una imprimación de color (en especial el cartón micro-ondulado), poliestireno o metacrilato, papel abrasivo de diferente grano, chapa de latón, cobre o aluminio y otros muchos.

6.4.3 Volúmenes

Los volúmenes pueden ser macizos o huecos. También pueden insinuarse colocando varios planos horizontales o verticales.

Los volúmenes macizos pueden recortarse de espuma rígida con una sierra térmica o modelarse con plastilina, arcilla, yeso o madera.

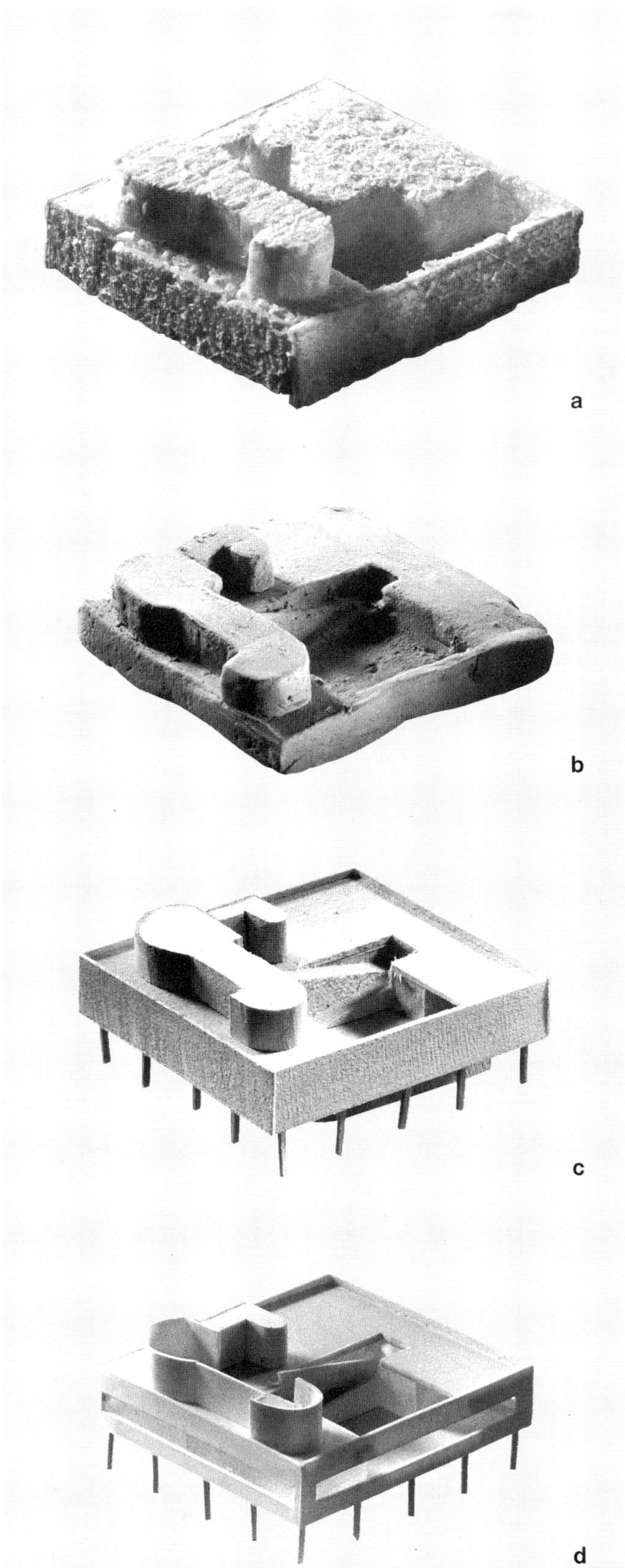

151. Maqueta de un edificio a escala 1:500. Base: metacrilato negro de 5 mm de espesor; edificios: metacrilato negro y transparente; cerramiento opaco: metacrilato mate; cerramiento transparente: metacrilato transparente con hendiduras.
152. Maquetas de un edificio a escala 1:500. a) maqueta de concepto en «styropor»; b) maqueta de concepto en arcilla; c) maqueta de trabajo en madera de tilo; d) maqueta de presentación en metacrilato, poliestireno, y alambre (tamaño real similar al de la fotografía).

Las cuatro ilustraciones de esta página muestran en un mismo volumen a escala 1:500 las muchas posibilidades de representación que existen. El grado de detalle más adecuado en cada caso ha de decidirlo el maquetista en colaboración con el autor del proyecto.

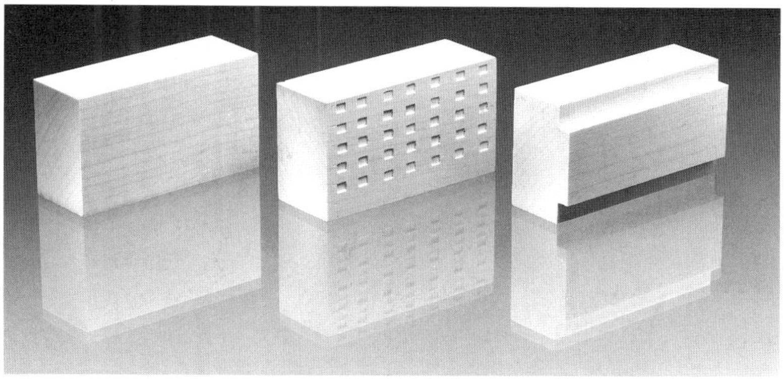

153. Maquetas de edificios a escala 1:500.
Izquierda: volumen macizo.
Centro: volumen macizo con las ventanas rehundidas.
Derecha: volumen macizo con la planta baja y el ático retrasados.

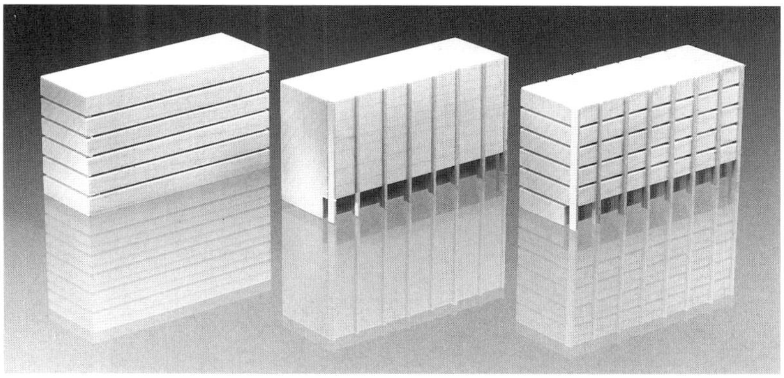

154. Maquetas de edificios a escala 1:500.
Izquierda: estructura horizontal.
Centro: estructura vertical.
Derecha: estructura vertical y horizontal.

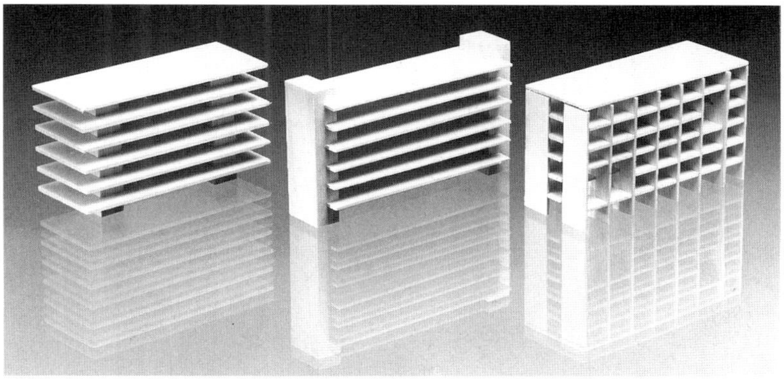

155. Maquetas de edificios a escala 1:500.
Izquierda: planos horizontales con núcleos interiores rígidos.
Centro: planos horizontales apoyados en núcleos laterales.
Derecha: planos horizontales y verticales (forjados y muros pantalla).

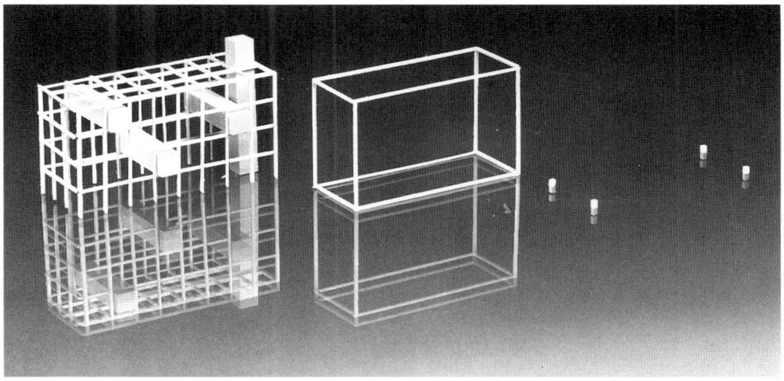

156. Maquetas de edificios a escala 1:500.
Izquierda: Estructura tridimensional de barras con núcleos deslizantes.
Centro: barras perimetrales del volumen.
Derecha: reducción a los pies de apoyo de las esquinas.

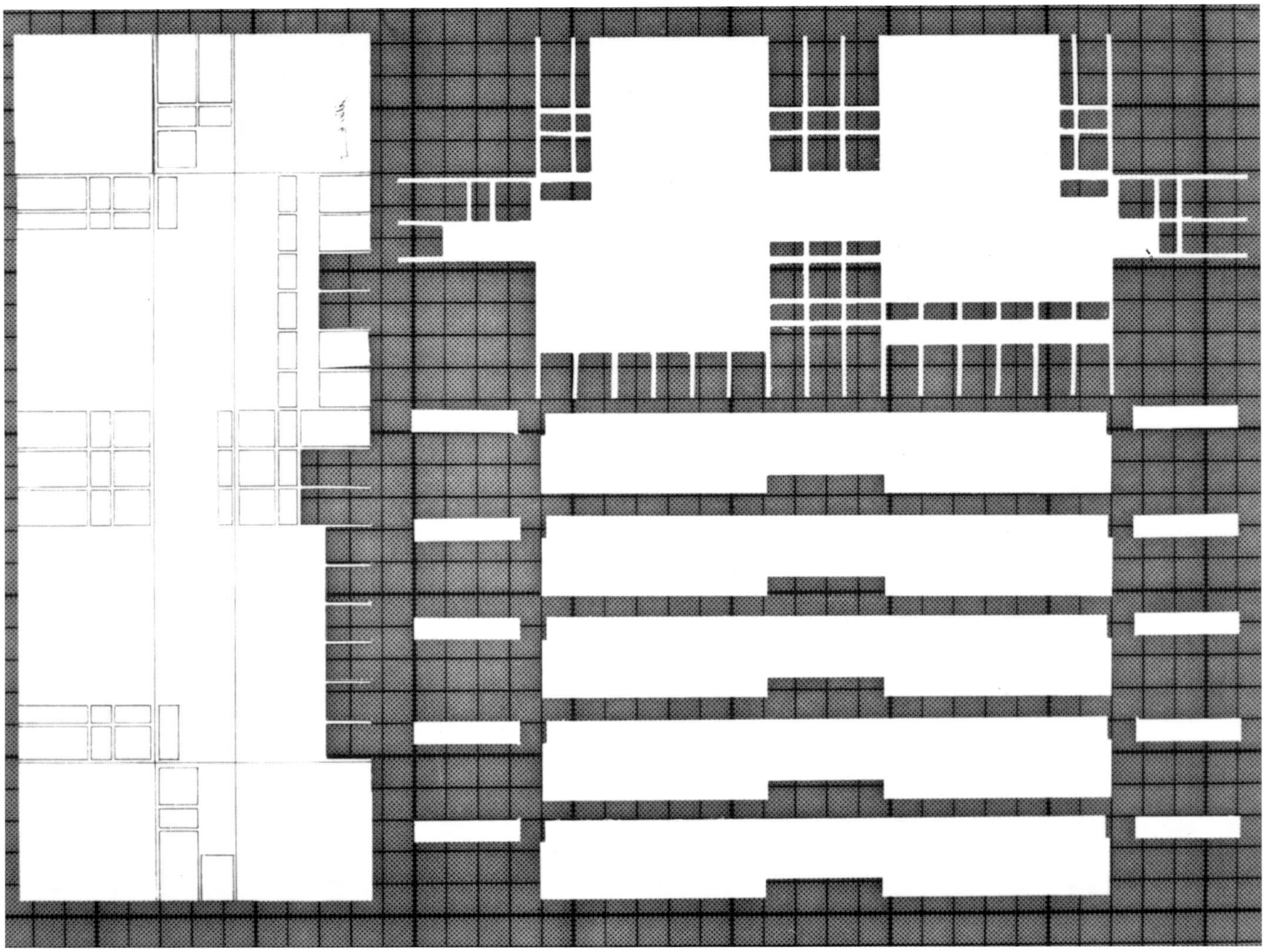

157-159. Construcción de la maqueta de un edificio a escala 1:500 con cartulina blanca. Fases del trabajo:

—Dibujar y recortar la cubierta y todas las fachadas.
—Marcar las esquinas para doblarlas.
—Dibujar y recortar los forjados y separadores de distancia.
—Pegar la piel exterior encima de la estructura portante

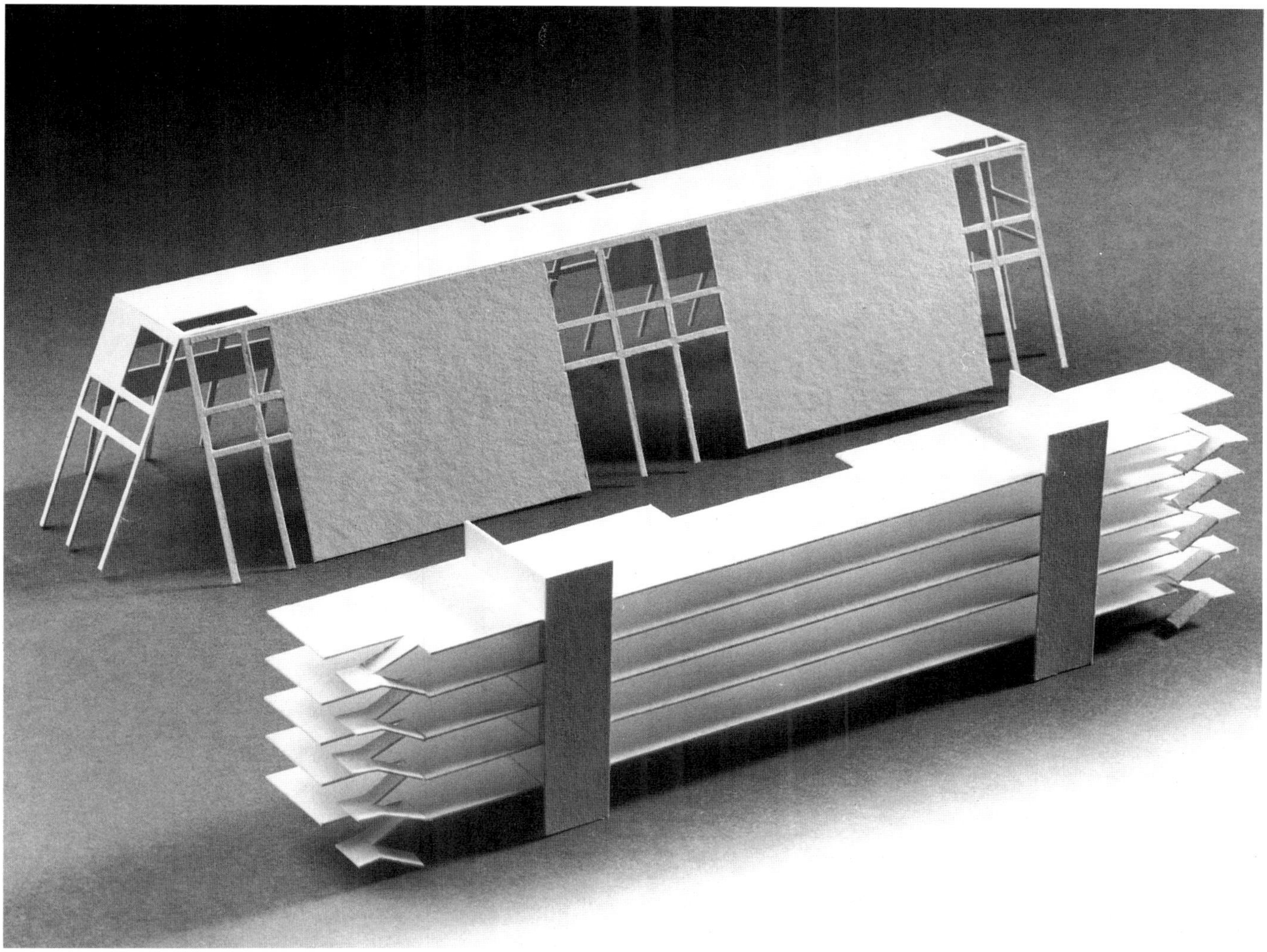

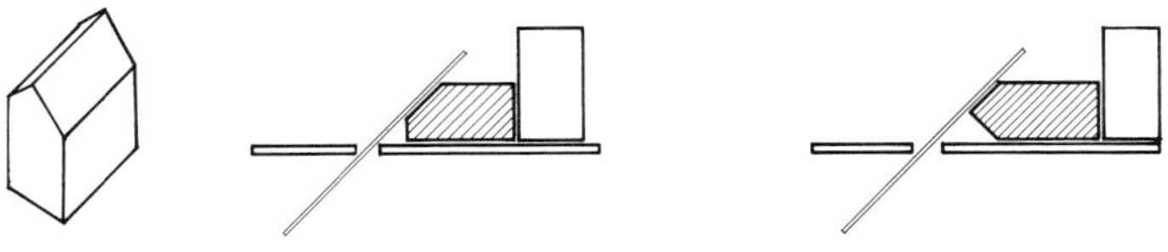

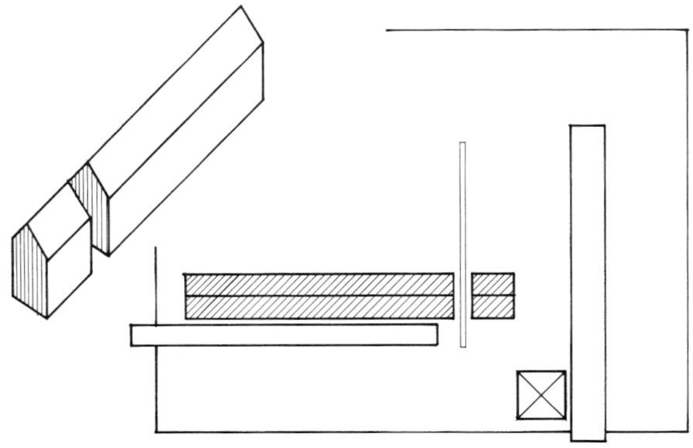

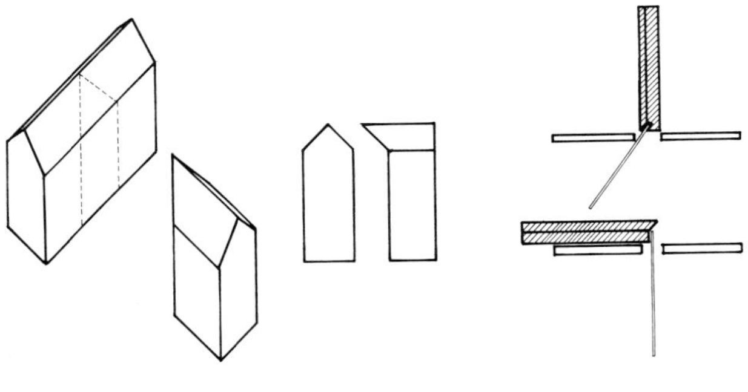

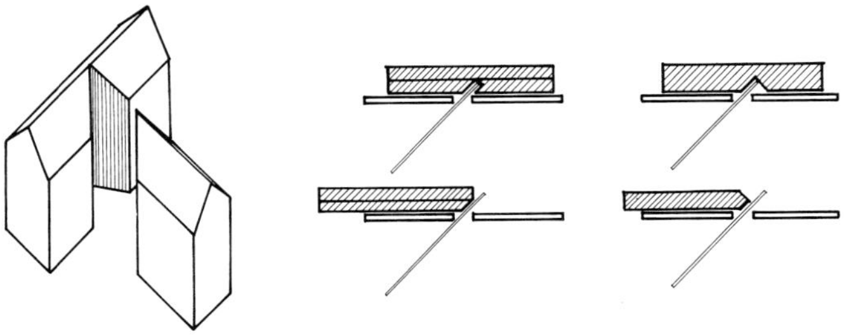

160. Al serrar longitudinalmente se guían las pequeñas piezas con un «empujador» manteniendo la misma separación respecto a la hoja de la sierra. ¡El empujador ha de encajar perfectamente!
161. Al serrar transversalmente ha de haber suficiente sitio para las piezas que vamos serrando; para esto se interpone otra pieza auxiliar entre el empujador y el tablón lateral para fijar una distancia en caso de que tengamos que serrar muchas piezas idénticas.
162. Corte del perfil de un edificio. Secuencia: (1) corte de las dos pendientes del tejado inclinando la hoja de la sierra; (2) corte transversal.
163. Secuencia de corte en edificios tallados. A la izquierda: volúmenes con la cubierta ya serrada. A la derecha: corte de todas las piezas a inglete.
164. Volúmenes macizos encastados. Compárese con la ilustración 163. A la izquierda: pieza con la cubierta ya serrada. A la derecha: corte a inglete del ensamblaje.

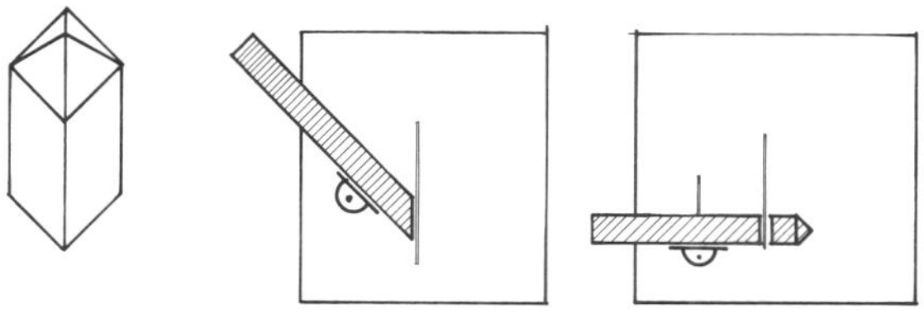

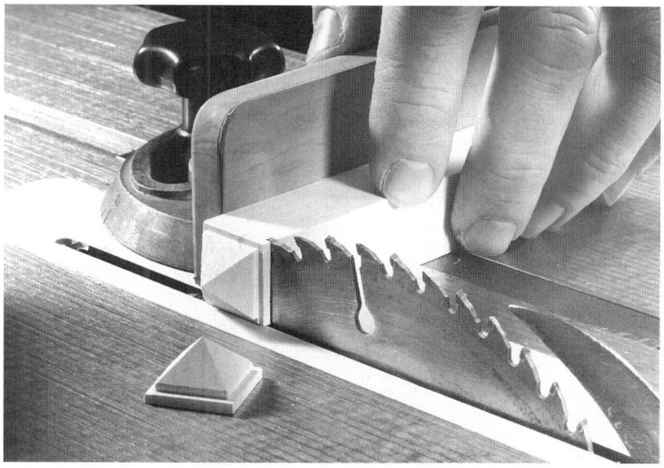

165. Secuencia de corte de piezas pequeñas: realizar el máximo número de cortes antes de separarlas de la pieza mayor.
166. Sólo al final se separa el perfil piramidal de la cubierta.
167. Esquema para serrar edificios con forma de L.

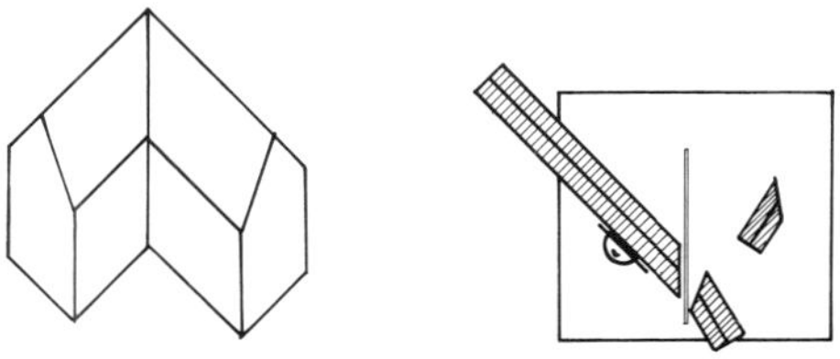

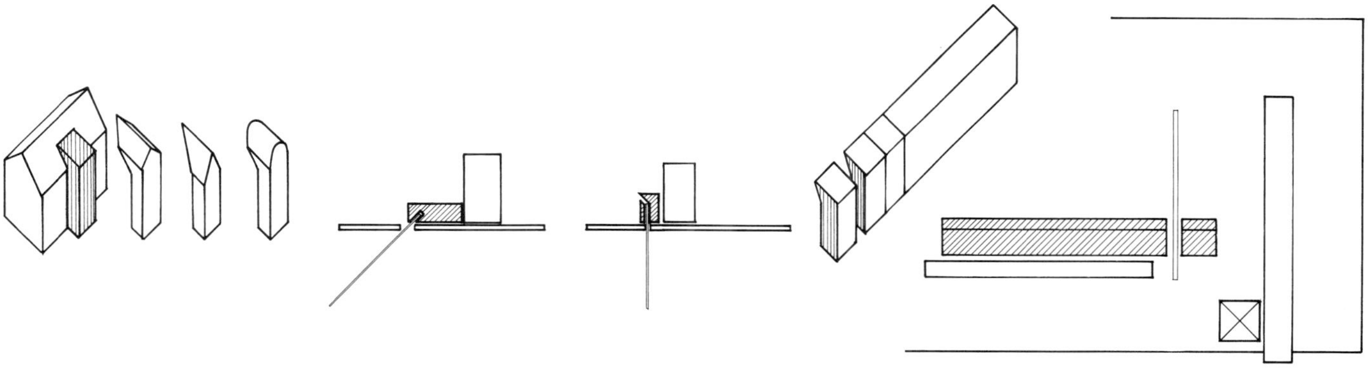

168. Esquema para serrar volúmenes salientes.
169. El perfil del volumen saliente, una vez serrado, se ajusta a la forma del tejado lijándolo.

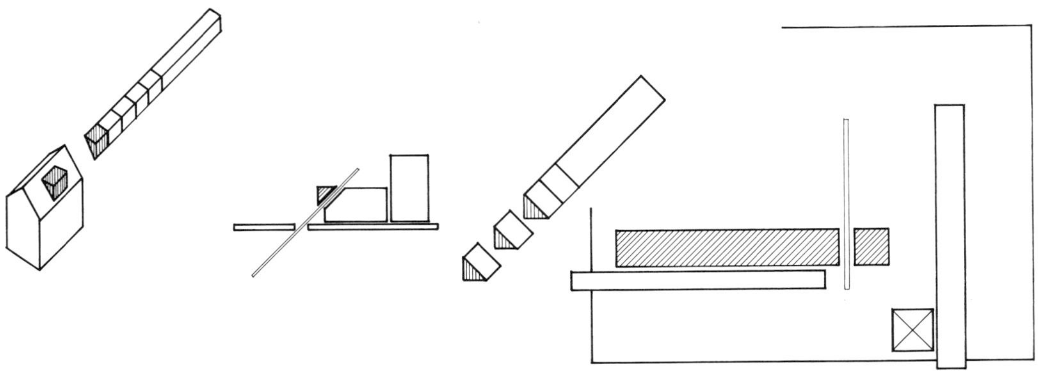

170. Esquema para serrar buhardillas y chimeneas a escala 1:500.
171. Corte de un perfil longitudinal a escala 1:500 con un ángulo igual a la pendiente de la cubierta del que se cortarán las diferentes piezas.
172. Enganche de las piezas con cola blanca y unas pinzas.

173. Maqueta urbanística a escala 1:500. Base: tablero de madera aglomerada de 10 mm de espesor; estratos del terreno: planchas de corcho de 2 mm de espesor en las que se han diferenciado las superficies con pintura de color; edificios: madera de arce serrada con la sierra circular.

174. Las unidades de vivienda se marcan realizando las correspondientes hendiduras en la hilera de viviendas que se sujeta por detrás con una pieza auxiliar para que no se mueva al efectuar los cortes.
175. Diferentes piezas para un gran complejo de edificios reproducido a escala 1:500. El maquetista ha de dividir el conjunto en piezas que luego se puedan unir entre sí.
176. El conjunto de la ilustración 175 una vez terminado. Base: tablero de madera aglomerada de 10 mm de espesor; las superficies ajardinadas y las vías de circulación se han diferenciado con cartulina; edificios: madera de álamo.

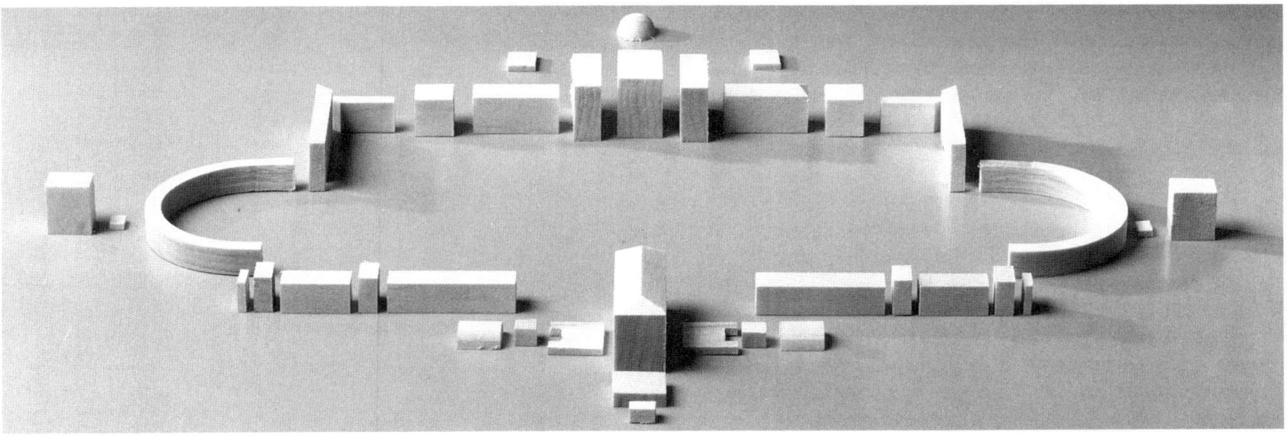

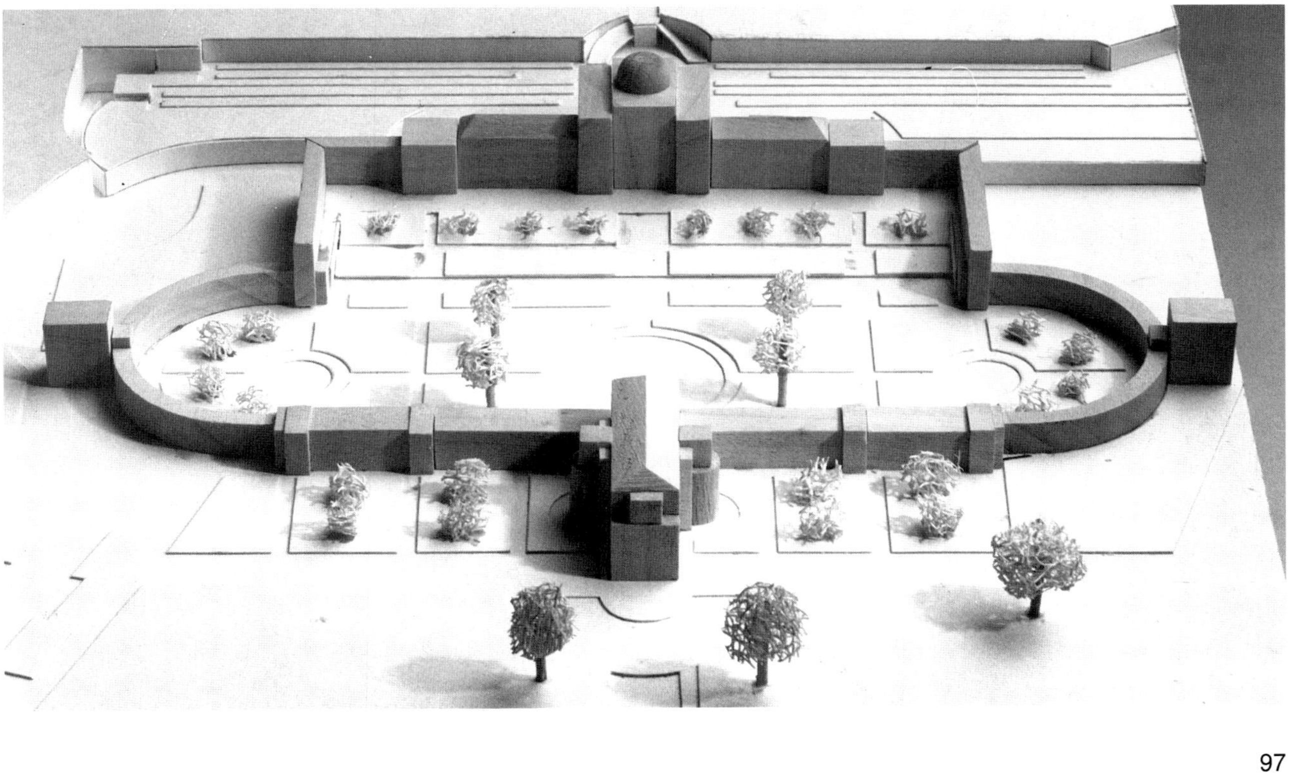

Los grandes volúmenes se suelen construir con planchas (cartón, cartón pluma, madera contrachapada, etc. y en casos excepcionales con chapa metálica). Si el núcleo es hueco se ahorra material y la maqueta pesa menos.
Un rascacielos parece más liviano si esta construido con superficies horizontales unidas a través de un núcleo rígido. Según la escala empleada, a esta estructura se le puede añadir una superficie vertical que reproduzca la fachada.

6.4.4 Estructuras soldadas

Técnica de la soldadura
En los últimos años, la técnica de la soldadura se ha introducido cada vez más en el modelismo arquitectónico. Las herramientas y los materiales necesarios no son caros y pueden encontrarse con facilidad. Un equipo de soldadura (soldador y accesorios) apenas ocupa sitio y el manejo del soldador no exige una gran práctica. Con un soldador, estaño, alambre, chapa metálica y algunas herramientas como tenazas, pinzas y mordazas podemos construir fácil y rápidamente elementos e incluso edificios enteros de una maqueta.

Los objetos realizados con esta técnica atraen al espectador por su perfección, precisión, aparente complejidad, liviandad y transparencia. Algunas maquetas son realmente objetos con un gran valor decorativo. Una estructura espacial reproducida con este procedimiento transmite mucho mejor su carácter técnico que no una estructura construida con perfiles de madera encolados. La aplicación de la técnica de la soldadura para construir maquetas arquitectónicas es técnicamente más sencilla de lo que podría suponerse en principio al contemplar un objeto terminado.
Los materiales y las herramientas necesarios son las siguientes:

Un soldador con una punta afilada y una potencia mínima de 40 watios. En caso de tener que soldar mucho es conveniente utilizar un equipo de soldadura con un termostato incorporado y puntas intercambiables. Sin embargo, con los pequeños soldadores a gas no dependemos de la corriente eléctrica y no nos molesta cable alguno.
Para unir dos materiales se necesita material de soldadura que puede adquirirse en varillas, alambres o en masa. Para conseguir un punto de soldadura limpio, fuerte e imperceptible se necesita un líquido que puede ser agua, aceite o grasa de soldadura. Estos tres líquidos impiden la formación de óxidos en la superficie del metal base al calentarse y facilitan la aplicación del material de soldadura.
Como material para la construcción de maquetas puede utilizarse alambre cincado que tenga un grosor comprendido entre 0,3 mm y 1,5 mm, que es muy dúctil. Además, pueden emplearse todo tipo de alambres, perfiles y chapas de latón que se encuentren en el mercado, así como varillas de acero. En cambio, no se pueden soldar ni el aluminio ni los muelles de acero.
Como herramienta auxiliar durante los trabajos de preparación y de soldadura se necesita un cuchillo muy bien afilado o unas tenazas de cabeza plana. También se necesita un juego de varias pinzas eventualmente con el mango aislado (impide el flujo de calor).
Los diferentes elementos se fijan con cinta adhesiva por ambas caras sobre una plantilla dibujada expresamente para ello en cartulina, cartón o madera (muy ventajoso en el caso de tener que construir varias piezas idénticas).
Ahora tenemos las dos manos libres para guiar con precisión la punta del soldador por un lado y, por otro, acercar con una pinza el elemento a unir o aplicar el líquido y el material de soldadura. Es importante que los dos elementos a unir se calienten lo suficiente como para que el material de soldadura pueda fluir al punto de unión. No es la fluidez del material de soldadura en la punta del soldador lo que garantiza la resistencia de la unión, sino la alta temperatura alcanzada por los metales entre los que ha de fluir el material de soldadura. Los elementos delgados se calientan con gran rapidez, de manera que si los puntos de soldadura están muy próximos unos a otros, existe el peligro de que el calor transmitido al realizar una soldadura vuelva a deshacer la soldadura anterior. Esto puede evitarse interponiendo unas pinzas u otros elementos de metal que desvíen el calor transmitido. La soldadura de estructuras tridimensionales es algo más difícil. Sin embargo, con

177. Torre de elevación, 1:50. Tubo de latón 5 × 1 mm. Tirantes de alambre de latón de 1,0 mm. Los soldadores a gas alcanzan temperaturas altas y no tienen un cable que pueda molestar.

alguna construcción auxiliar (a base de un cilindro de cartón o piezas de madera..., que resistan brevemente una carga térmica) se pueden fijar con precisión los diferentes elementos a soldar.

El objetivo a alcanzar es un punto de soldadura apenas perceptible que se corresponda con las exigencias del modelismo arquitectónico y la técnica de simulación.

Las barandillas, vigas y cualquier otro elemento con curvas y esquinas, se pueden soldar en un plano y luego darles la forma definitiva, siempre y cuando el grosor de los materiales no esté sobredimensionado.

178. Material necesario para soldar: lápiz de fieltro resistente al agua para dibujar, alicates, sierra manual con hoja para cortar metales, alambres de varios grosores, doble decímetro, perfiles metálicos, pinzas, pasta para soldar, estaño, grasa para soldar, soldador.

179. Corte transvesal de perfiles metálicos con la sierra manual y una base de madera autoconstruida.

180. Con una sierra de disco se consigue un corte más rápido y limpio. ¡Ponerse unas gafas de protección!

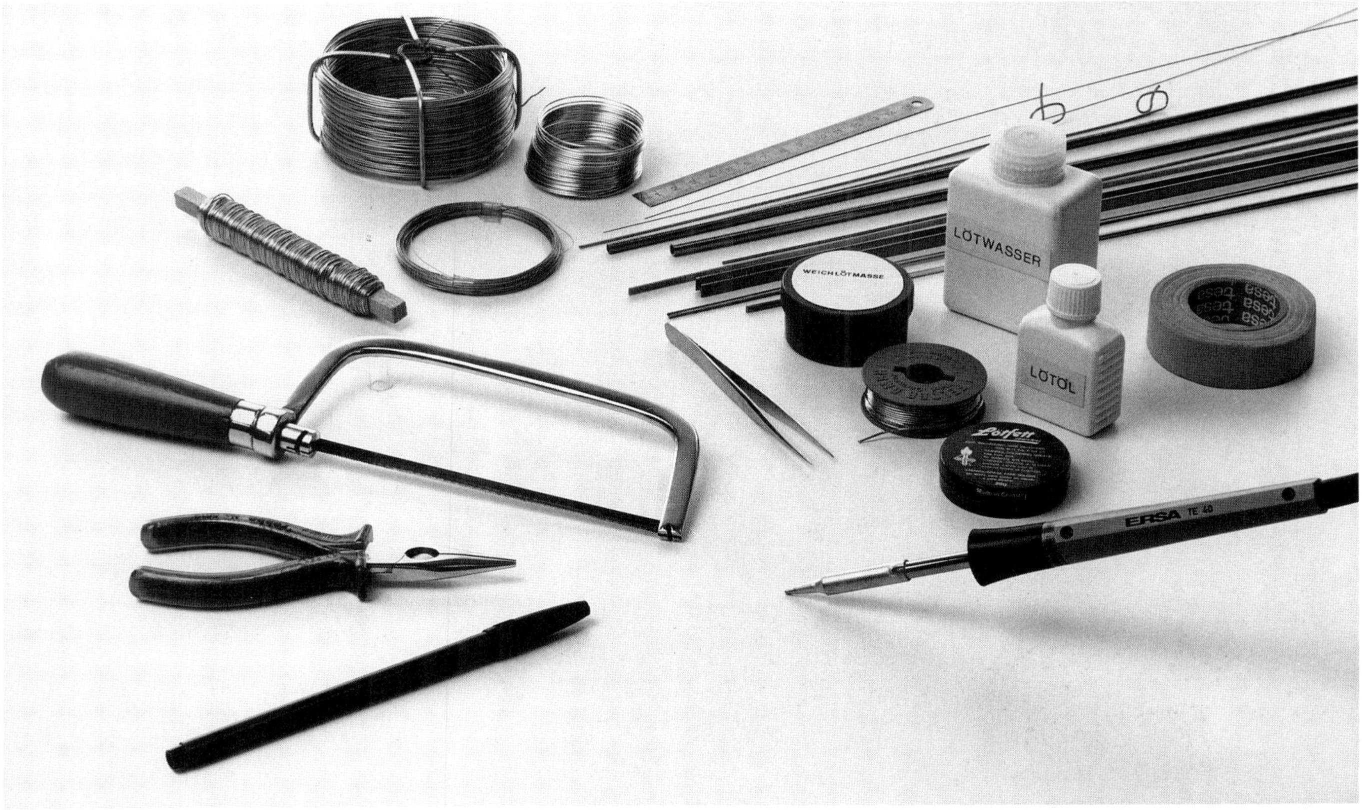

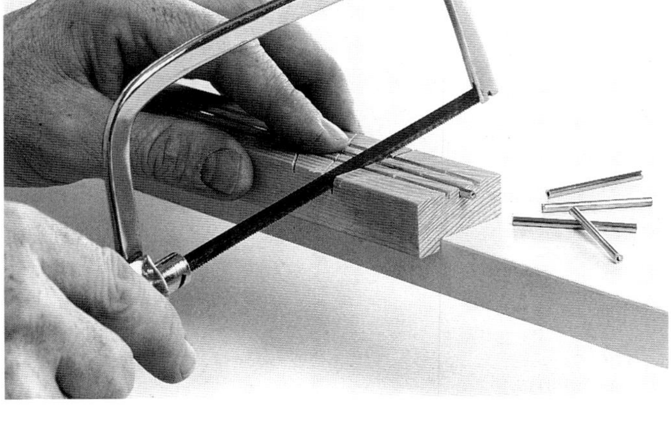

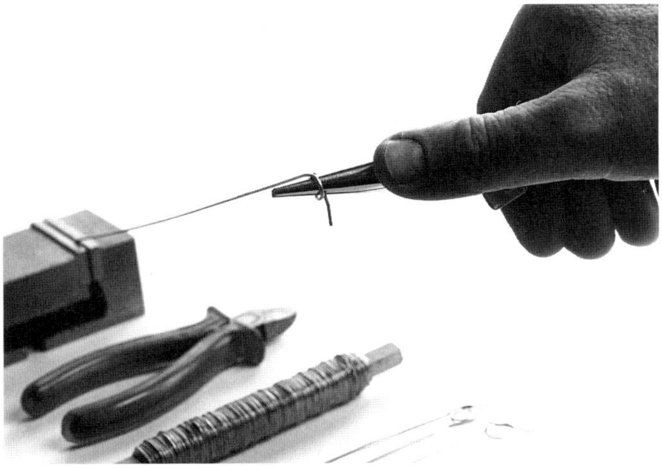

181. El alambre que utilizamos nosotros tiene de 0,2 a 1,2 mm de grosor y ha de estirarse antes de soldarlo.

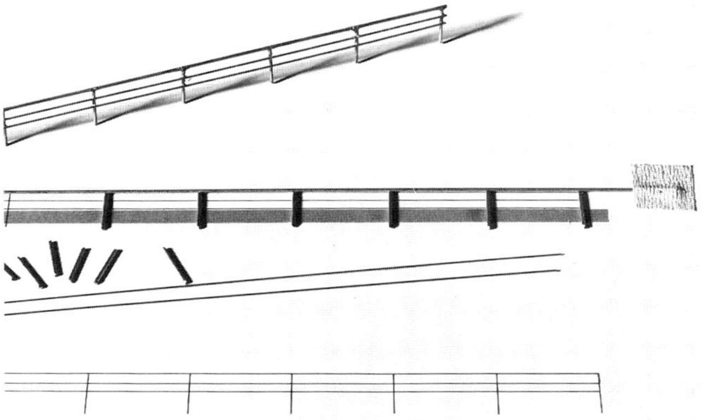

182. Barandillas de alambre soldado. Abajo: el dibujo; centro: las partes a soldar pegadas con cinta adhesiva; arriba: la barandilla terminada.

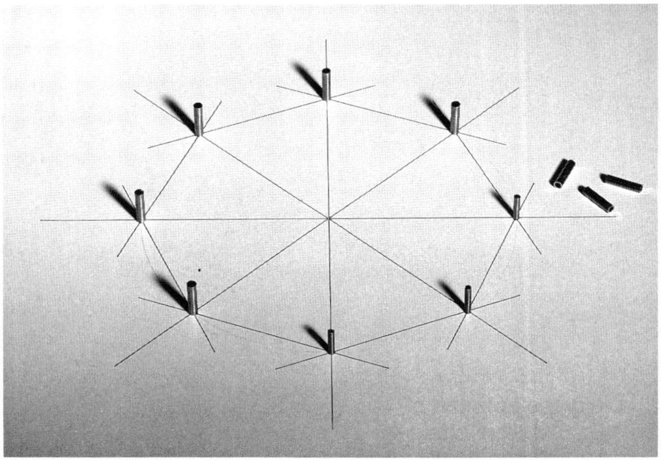

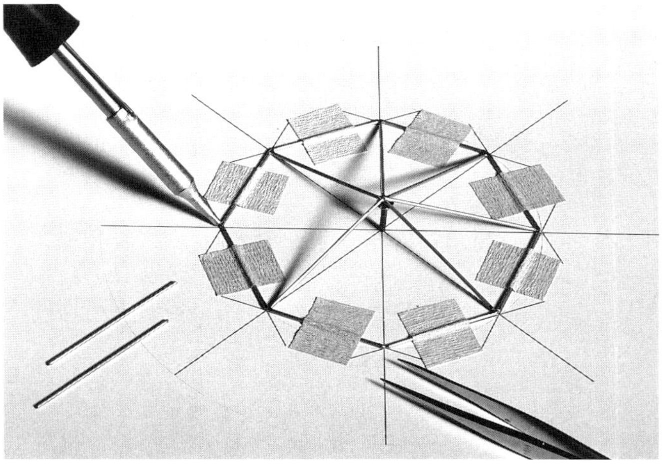

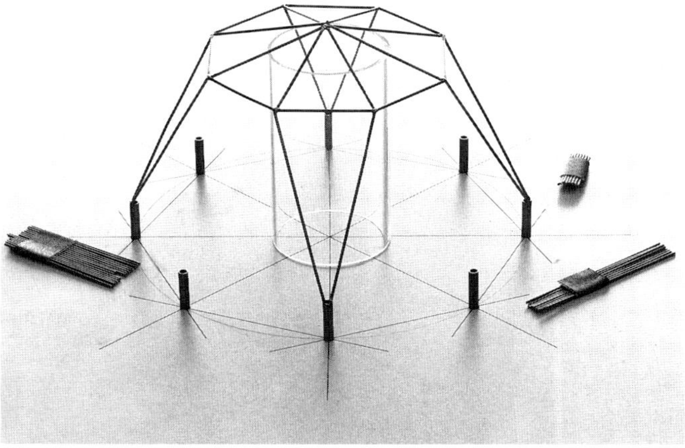

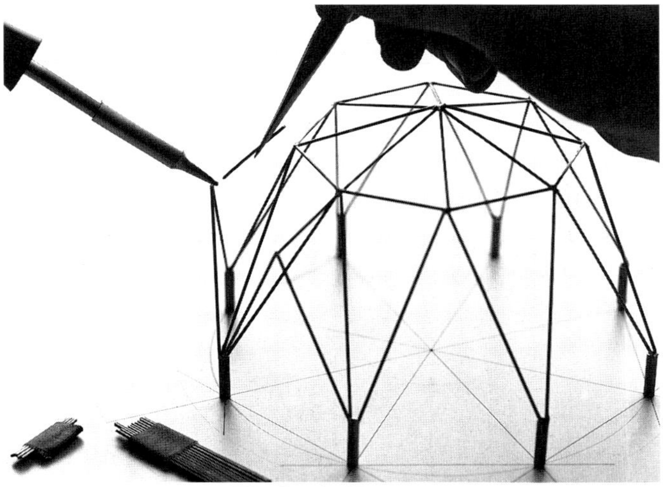

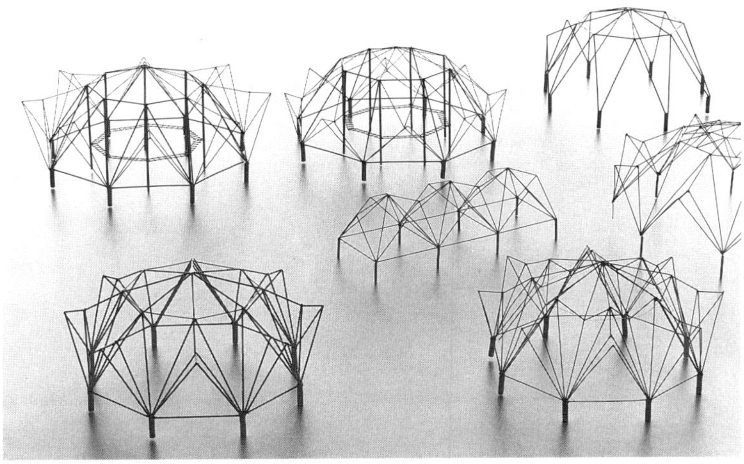

183. Manguitos de latón introducidos en alambres fijados a sendos agujeros taladrados en la planta octagonal.
184. Sobre una base auxiliar se elabora la corona superior. En el centro un soporte de alambre. Los perfiles horizontales se han fijado con cinta de crespón.
185. La altura de la corona superior se fija con ayuda de un tubo de metacrilato. Soldadura de los perfiles de unión entre los manguitos inferiores y la corona superior.
186. Soldadura de las barras restantes.
187. Estudios previos de la forma definitiva.
188. La maqueta final de ejecución. La construcción metálica se ha niquelado en un taller especializado. Todas las superficies se han recubierto con lámina de metacrilato de 0,8 mm de grosor. Palmeras reproducidas con papel de aluminio.

183-188. Invernadero realizado con perfiles soldados, 1:100. Tubos de latón de 3 mm de diámetro y alambres de 1 mm; base: tablero de madera aglomerada; superficie acristalada: metacrilato.

189. Diseño de una gran puerta de entrada, 1:33. Muro: madera aglomerada recubierta con poliestireno; elementos soldados: alambre de latón, alambre de acero galvanizado, chapa de latón y tela mosquitera.
190. Plantilla para soldar uno de los diseños de la puerta de entrada anterior. Todos los elementos se han fijado con cinta de crespón.

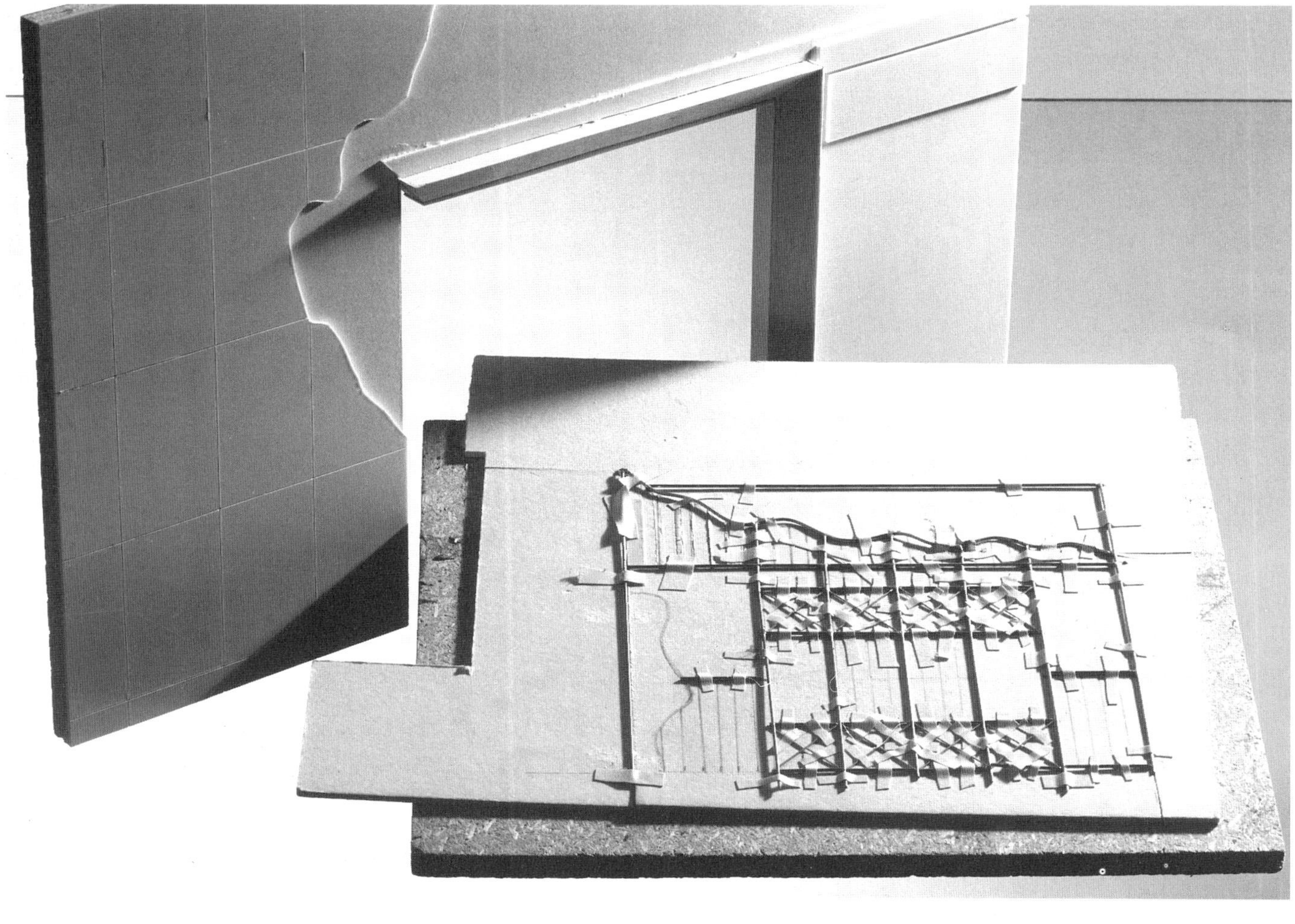

7 Ejemplos

A continuación se explicará cómo construir edificios en casos concretos. En oposición a las posibilidades limitadas que existen para elaborar la base de la maqueta y un relieve topográfico, la construcción de edificios a escala exige siempre nuevas aplicaciones. En este sentido se han de entender los trabajos aquí reproducidos.

191. Facultad de medicina de Gotinga, 1:1.000. Base: tablero de madera aglomerada de 13 mm de espesor; estratos del terreno: planchas de corcho de 1,0 mm de espesor; edificios: madera de balsa serrada con una sierra circular.

Edificio de hospitalización construido con planos horizontales (a la derecha); edificio de quirófanos reproducido mediante planos horizontales con pilares encastados y aparatos de aire acondicionado en la cubierta (en el centro); edificio de visitas externas realizado con planos horizontales apoyados en los núcleos de comunicación antepuestos (a la izquierda). Las diferencias en la volumetría sirven para diferenciar las partes. Todos los elementos construidos tienen la misma tonalidad. Las diferentes superficies (aceras, calles, zonas ajardinadas, etc.) se distinguen por un tratamiento de color distinto. Los árboles se han reproducido con aquilea.
Obsérvese el grado de detalle alcanzado para esta escala (1:1000).

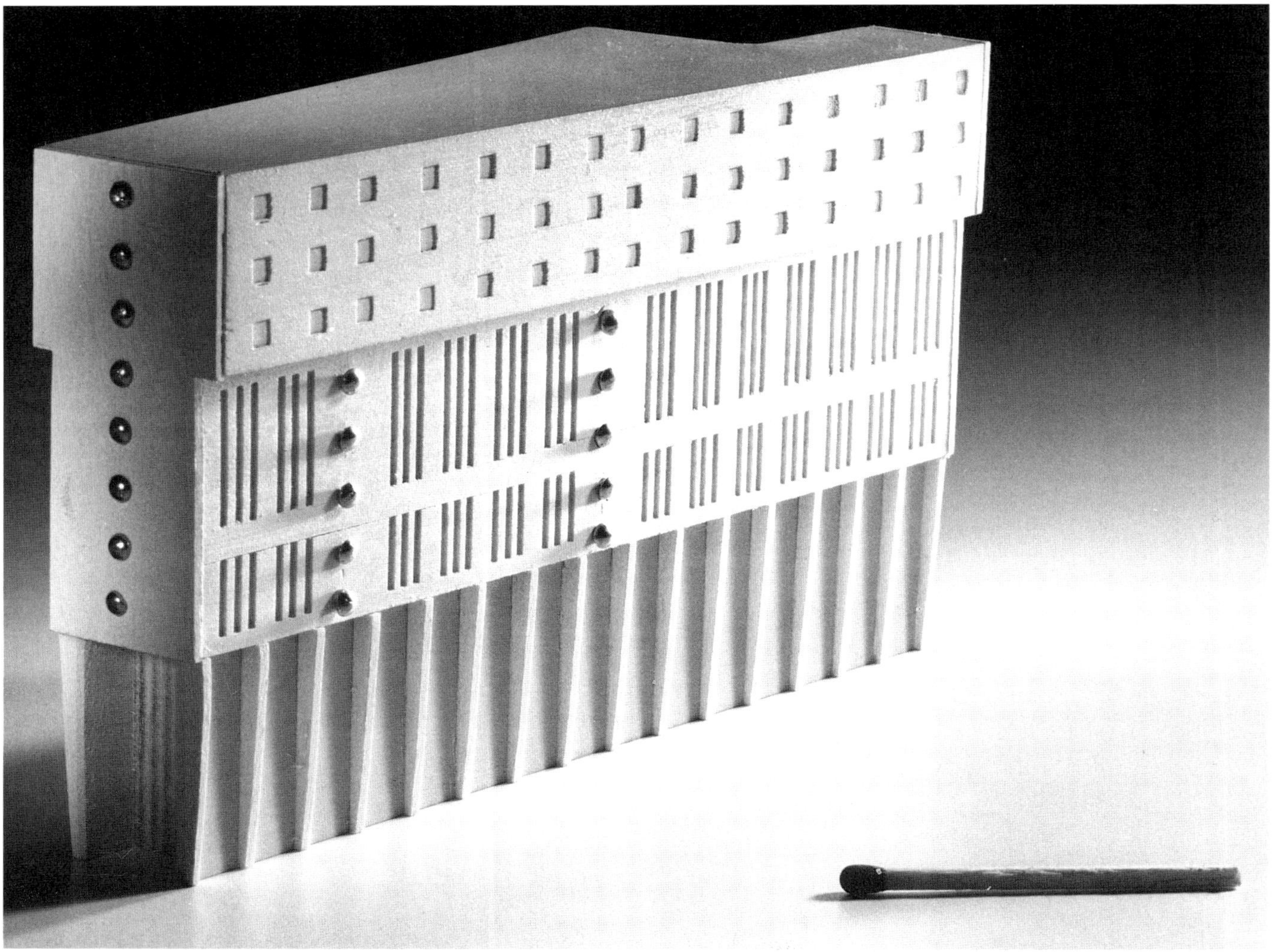

192. Maqueta de un edificio a escala 1:500. Madera de arce, sierra circular, lijadora orbital. Las tres capas diferentes se han trabajado por separado. Zócalo: prisma de madera maciza sobre el que se han pegado los pilares. Parte central: prisma macizo de madera en el que se han reproducido las ventanas practicando unas hendiduras en forma de peine con una hoja de serrar de 1,6 mm de grosor; clavos niquelados. Plantas superiores: prisma macizo de madera en el que se han reproducido las ventanas mediante hendiduras realizadas con un formón. El testero de las partes central y superior se ha recubierto con una delgada chapa de madera encolada.

Las dos maquetas fotografiadas están construidas a la misma escala, 1:500, pero producen un efecto bien diferente no sólo por estar hechas con materiales diferentes (madera/plástico). El edificio de la izquierda muestra la imagen de un volumen cerrado habitual en esta escala. Por el contrario, la maqueta de la derecha, cuyo objetivo es producir un efecto de permeabilidad, muestra intencionadamente el espacio interior.

193. Maqueta de un edificio a escala 1:500 (Museo de arte). Base: tablero de madera aglomerada de 16 mm de espesor. Las superficies ajardinadas y las vías de circulación se han reproducido con láminas de poliestireno de 0,75 mm de espesor, que antes de recortarlas se han pegado a un papel adhesivo por ambas caras para engancharlas en toda su superficie a la base. Edificios: metacrilato y poliestireno de 1,0 mm de espesor; los paños de pared en parte se han serrado y en parte se han cortado con un *cutter*. Todas las piezas de poliestireno se han pintado de color blanco mate antes de pegarlas. Árboles: cilindros de metacrilato mate de 8 mm de diámetro fijados sobre troncos de 2 mm de diámetro. Es poco frecuente que en una maqueta a escala 1:500 se reproduzca el espacio interior. El objetivo del maquetista consistía en reflejar la idea básica del proyecto: «una casa dentro de otra casa» así como la relación entre los dos ámbitos del museo.

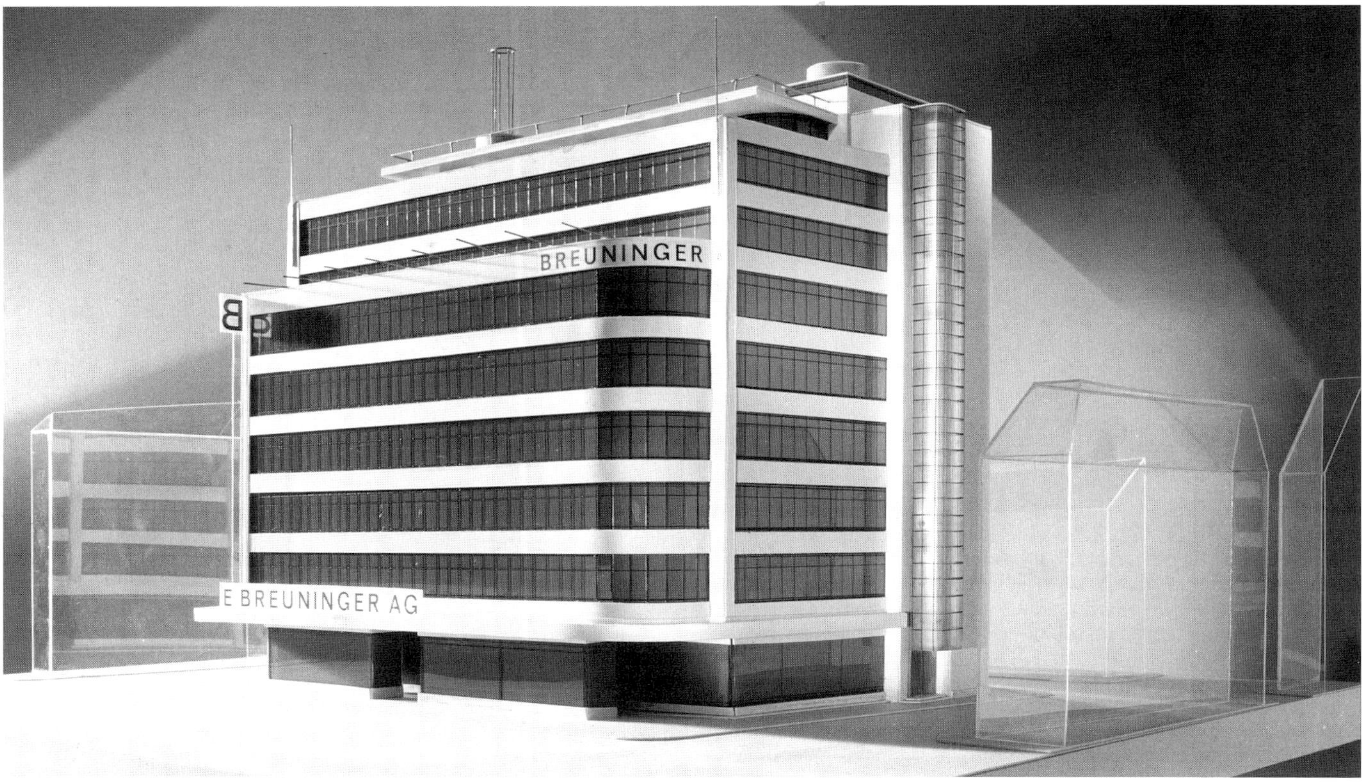
BREUNINGER
E BREUNINGER AG

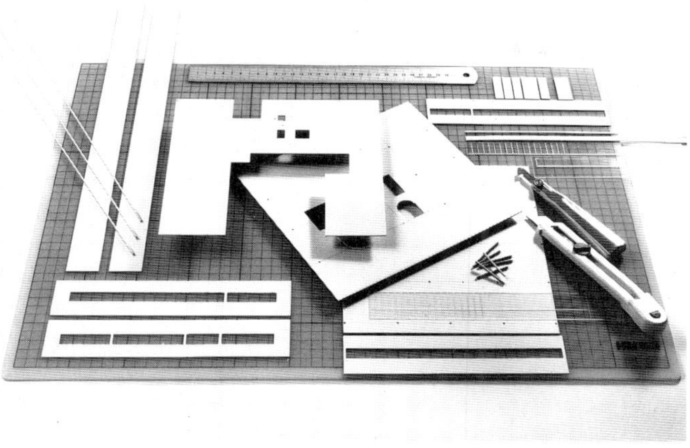

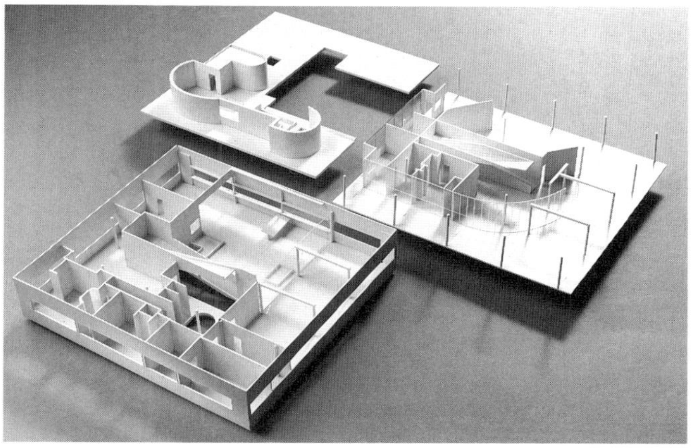

194. Maqueta de un edificio a escala 1:200. Base: tablero de carpintero de 16 mm de espesor; calles: lámina de poliestireno de 0,7 mm de espesor; estructura portante: cubo de cartón pluma de 3 mm; fachadas: plancha de metacrilato de 0,8 mm pintada de color gris por detrás y enganchada con papel adhesivo por ambas caras; la modulación se ha reproducido mediante incisiones pintadas de color negro: antepechos y revestimientos verticales: poliestireno de 0,5 mm enganchado con papel adhesivo por ambas caras sobre la plancha de metacrilato; barandillas, mástiles, etc.: alambres soldados; edificación existente: metacrilato de 1,0 mm de espesor. El discreto aspecto de la edificación existente acentúa la calidad arquitectónica del proyecto. Esta maqueta se ha construido manualmente sin utilizar máquinas.

195. Maqueta de un edificio a escala 1:200. Base: tablero de carpintero de 55 × 85 cm y 16 mm de espesor; lámina de agua: vidrio impreso sobre papel de color; estratos del terreno y planos horizontales del edificio: cartón pluma; elementos sueltos: alambre soldado y perfiles de aluminio.
Combinación de planos y barras. Las paredes y la cubierta se pueden extraer en parte para que se pueda ver la organización interior de la sala de conciertos y la relación entre el interior y el exterior.

196-198. Maqueta desmontable de un edificio a escala, 1:100. Poliestireno de 1,0 mm de espesor, lámina de metacrilato de 0,8 mm de espesor y perfiles cilíndricos de PVC de 2 mm de diámetro. Las piezas se han cortado con *cutter* y se han pegado con disolvente. Para conseguir los muros curvos de la azotea se enrolló plancha de poliestireno en torno a un cilindro hasta perder la elasticidad.

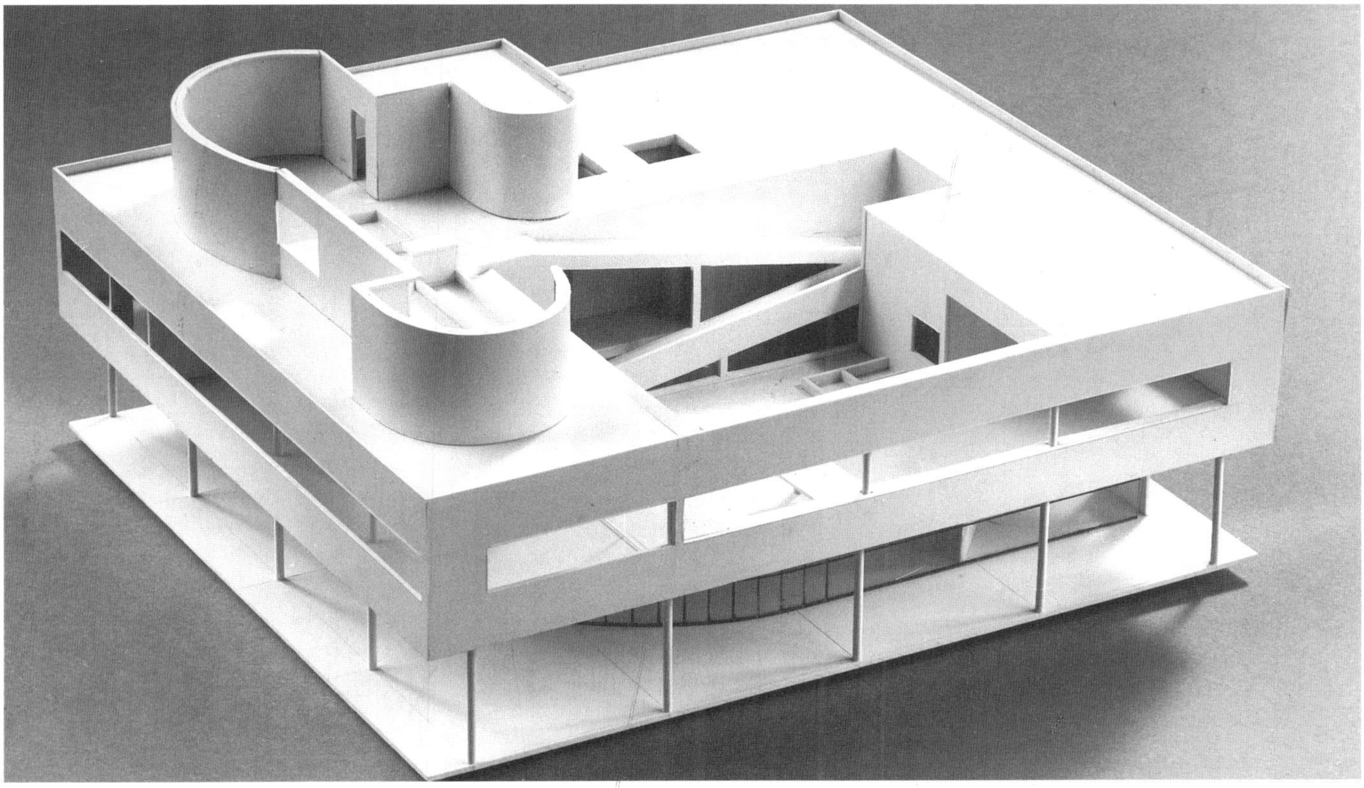

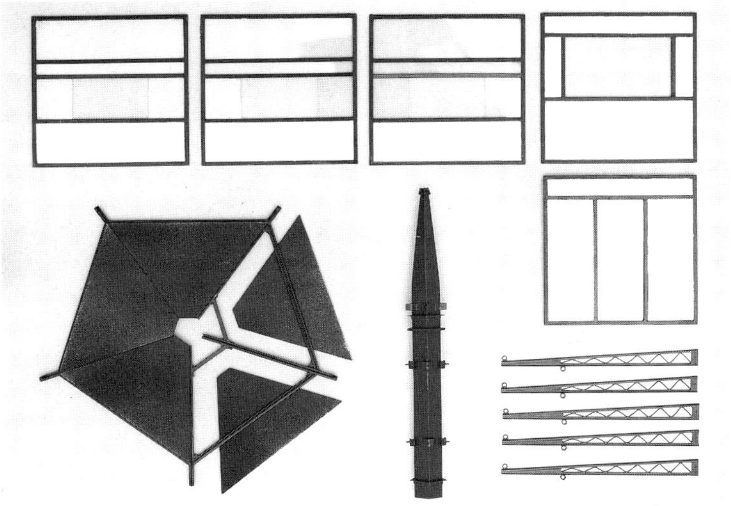

199-201. Maqueta de un quiosco, 1:20.

199. Piezas de las fachada y cubierta. Las piezas de las fachadas son de metacrilato de 1,5 mm de espesor recubierto con cartulina blanca en la que se ha pintado la carpintería. Las piezas de la cubierta son de poliestireno de 3 mm de espesor. Los elementos estructurales son de madera y perfiles de latón.

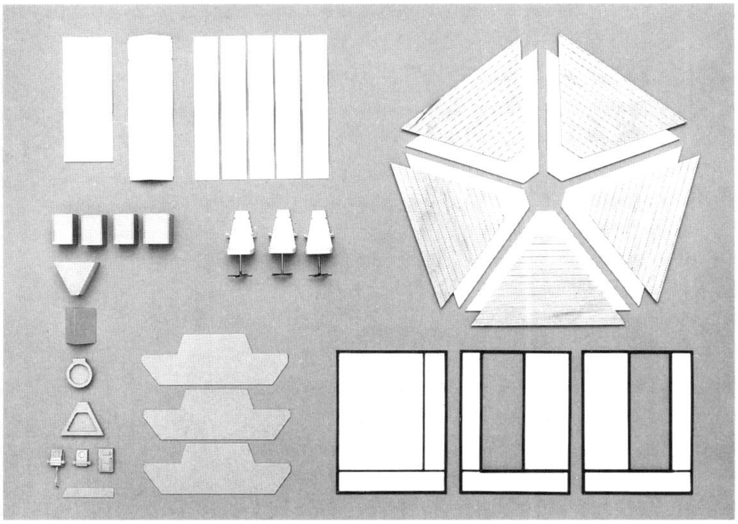

200. Aquí se muestran las piezas de la decoración interior. La cubierta suspendida es de cartón blanco recubierto con chapa de madera. Todas las piezas se han pintado de color.
201. La maqueta terminada muestra el alto grado de detalle alcanzado.

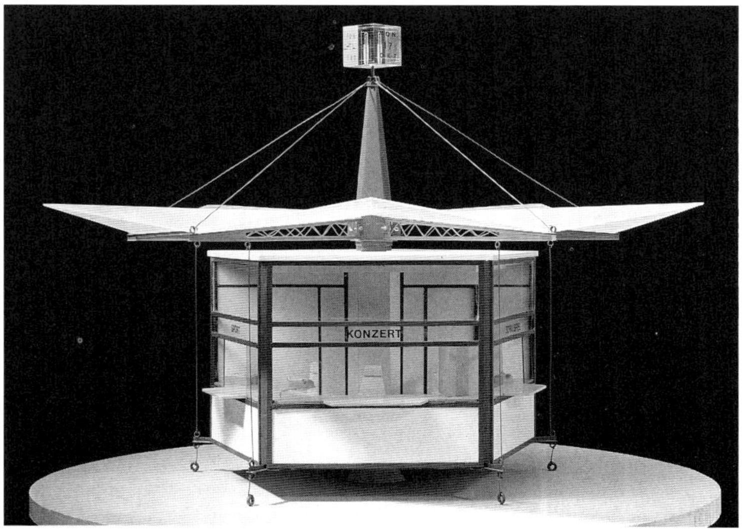

202. Maqueta de un espacio interior, 1:50. Sección por el foyer, el patio de butacas y el escenario. Longitud aprox. 2,40 mm; desmontable en tres partes. Techos, muros y demás elementos constructivos: cartón gris de 2,5 mm de espesor recubierto por la cara vista con papel de color. Mobiliario y figuras de cartulina. Las maquetas seccionadas reflejan de manera excepcional la relación entre los diferentes espacios. Esta maqueta se ha construido exclusivamente con ayuda de una regla, una escuadra de acero y un *cutter*.
203. Maqueta de una escenografía a escala 1:50. Base: tablero de carpintero de 19 mm de espesor; suelo escalonado: madera contrachapada recubierta con diferentes chapas de madera, papel de color, papel de lija y papel de seda; torres portantes y estructuras suspendidas: cartulinas pegada y perfiles metálicos soldados; bañeras, inodoros, etc. yeso moldeado; muebles: madera maciza; camerinos: cartulina de color. Esta maqueta produce un efecto muy realista del espacio proyectado.

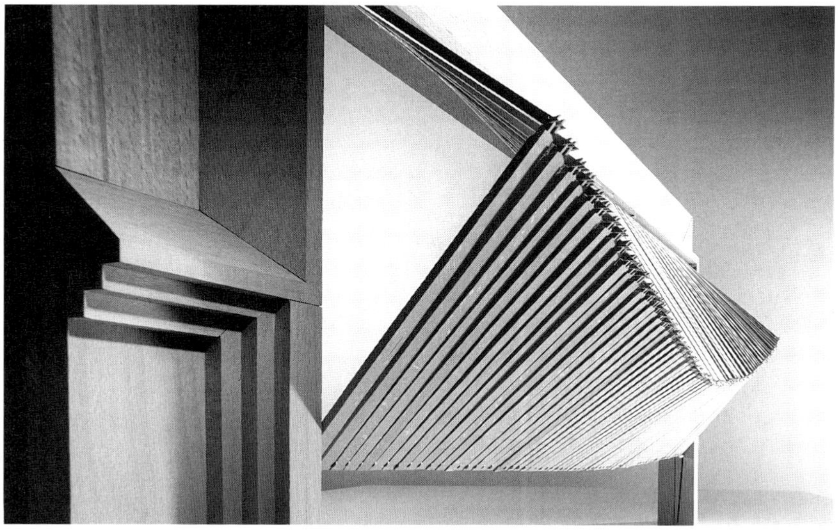

204. Puerta basculante a escala 1:20. Puerta móvil realizada con perfiles de madera de haya.

205-209. Maqueta constructiva de un pabellón escolar a escala 1:33. Todas las piezas son de madera de peral cortada con una sierra circular. La maqueta fue de gran ayuda en las conversaciones entre el calculista, el carpintero y el promotor.

205. Para encolar las piezas se fijan sobre una plantilla de montaje.

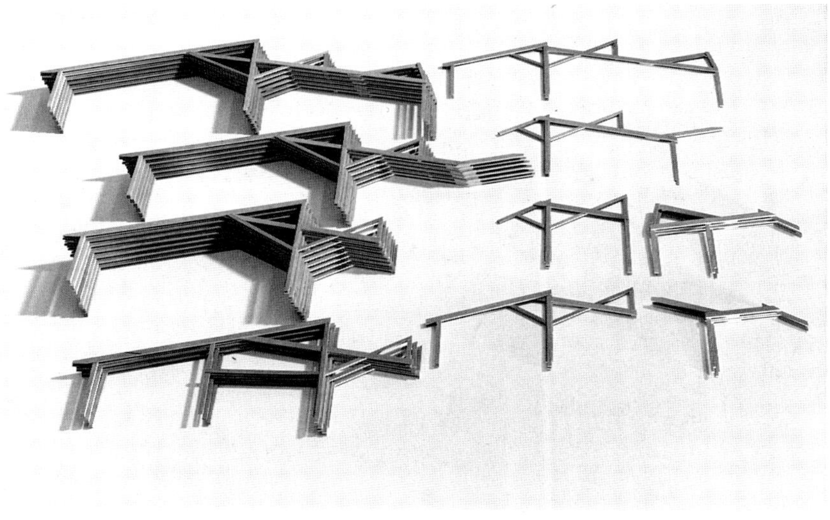

206. Ya están preparados todos los travesaños.

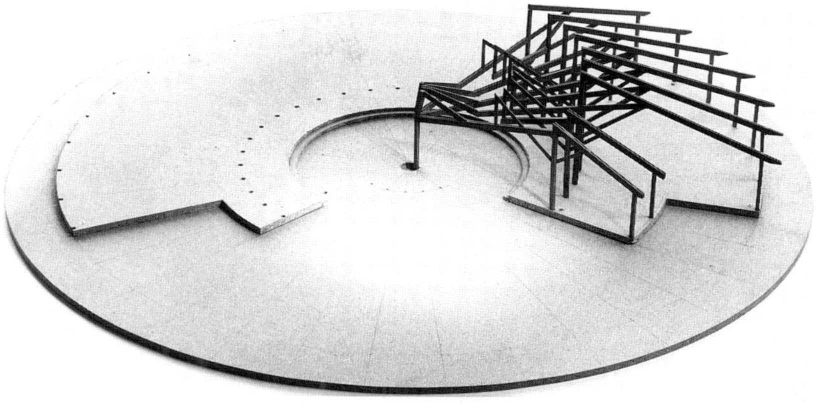

207. Secuencia del montaje de la estructura.

208. Perspectiva aérea de la obra real. El maquetista y los carpinteros siguen un proceso parecido.

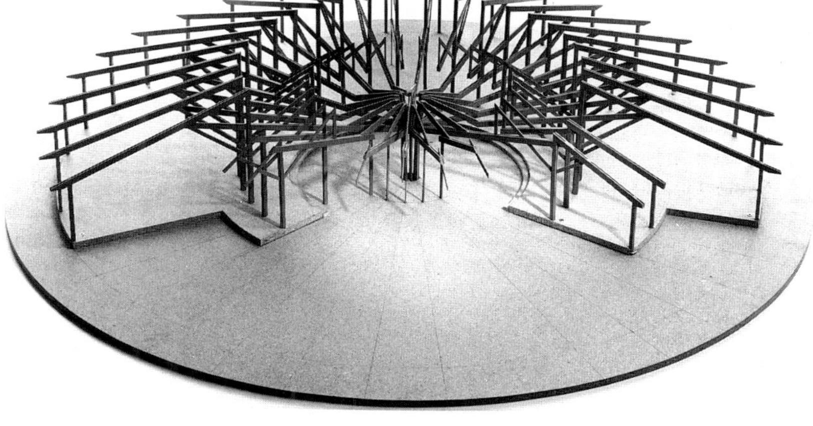

209. La estructura terminada.

8 Objetos que dan una idea de la escala

La misión de los objetos que dan una idea de la escala consiste en proporcionar al espectador una noción del tamaño relativo de los elementos de una maqueta. A nosotros nos ayudan a establecer una relación con la realidad y a los demás les facilita la «lectura» a escala de la maqueta. El proyectista también necesita examinar las proporciones y el tamaño del proyecto en su reproducción a escala. La ejecución cuidadosa de algunos elementos de la maqueta ya puede ayudar a explicar la escala: despiece de la carpintería de las ventanas, escaleras, pasamanos, barandillas, pilares, vigas, una reproducción pormenorizada de los edificios ya existentes, etc.

La incorporación de objetos que dan una idea de la escala, como por ejemplo, árboles, personas y coches, modifica el carácter de la maqueta: puede reforzar la pretendida expresión naturalista o acentuar la abstracción del edificio reproducido por contraste con los elementos figurativos. La colocación de elementos que dan una idea de la escala es siempre un paso hacia el modelismo naturalista. Por lo tanto, es importante que decidamos en cada maqueta hasta qué punto queramos que produzca el proyecto. Con facilidad podemos llegar a convertir una maqueta de un espacio interior, demasiado detallado y amueblado, en una casa de muñecas. Los árboles miméticos colocados sobre serrín de color verde más que ofrecer una reproducción naturalista del proyecto provocan un efecto *kitsch*.

Distinguimos entre dos grupos de elementos que dan una idea de la escala.

1. Elementos que están en relación con el edificio y que en realidad implican un mayor grado de detalle de la maqueta. Entre estos se encuentran:

— elementos de comunicación vertical como escaleras y rampas, con sus correspondientes barandillas y pasamanos;
— carpintería de las superficies acristaladas, montantes y travesaños:
— perfiles de madera o latón que reproducen los pilares y las vigas del edificio;
— mobiliario interior: mesas, sillas, sillones, estanterías y vitrinas;
— y con menor frecuencia también figuras humanas.

2. Elementos en relación indirecta con el edificio y que se incorporan a la maqueta como «suplemento» para describir el entorno del edificio. Los más importantes entre estos son:

— árboles y arbustos;
— figuras humanas;
— coches, aviones y barcos;
— mobiliario urbano (bancos, cabinas telefónicas y paradas de autobús);
— farolas de todo tipo;
— escaleras y rampas;
— barandillas y vallas.

Todos estos elementos podemos construirlos nosotros mismos. En tiendas de modelismo o en comercios de componentes electrónicos, de productos para laboratorios, jardinerías, etcétera, podemos encontrar muchas piezas que nos servirán como «productos semielaborados» para construir nuestros propios objetos. Si pensamos construir personas, coches o muebles a partir de perfiles de madera es preferible elegir una madera con una estructura densa y neutra, como por ejemplo madera de álamo, arce, tilo o peral. Si en cambio damos gran valor a la precisión formal y colorido de estos objetos o no disponemos del tiempo suficiente, también podemos adquirir en las tiendas de modelismo árboles, coches, personas, barandillas, etc., fabricados en serie a diferentes escalas. ¡Cuidado: los modelistas de trenes y aviones trabajan a escalas diferentes de las nuestras! En este caso sólo podremos utilizar aquellos elementos de tamaño variable como son los árboles. Sin embargo, en las tiendas especializadas también existe la posibilidad de encargar piezas a nuestra escala a través de un catálogo.

Si se ha de fotografiar la maqueta es preferible esperar a fijar definitivamente los árboles y demás «accesorios» hasta haber realizado las fotografías y poder apartarlos en caso de que molesten en algún plano.

8.1 Árboles y arbustos

Prácticamente todas las maquetas de arquitectura tienen árboles. ¡Sin embargo, es el elemento que con mayor facilidad puede falsear la escala del edificio! Basta que un árbol sea demasiado bajo o tenga una copa demasiado estrecha para que el edificio parezca mayor. Tampoco es indiferente el lugar donde coloquemos los árboles en nuestra maqueta: pueden

210. Elementos accesorios que dan una idea de la escala. Para ello necesitamos diversos objetos a diferentes escalas: personas, animales, automóviles y aviones, pero también escaleras, barandillas, muebles, mástiles de banderas y todos aquellos que se nos puedan ocurrir.

ct Air

servir para enfatizar un lugar determinado o marcar una dirección de acuerdo con las ideas del proyecto. En ningún case es recomendable repartirlos al azar, auque sea la intención del proyecto. También se ha de evitar que se mezclen dos maneras de representarlos (por ejemplo, bolas de madera maciza y fieltro). Siempre deberíamos representar los árboles con sus trocos (incluso a escala 1:500). Esto permite mirar a través de los mismos y para la maqueta significa un mayor grado de transparencia. Antes de fijar los árboles a la maqueta deberíamos controlar el efecto que procuden: con bolas de papel fijamos los sitios definitivos. Hay que intentar que los árboles, el relieve topográfico y la edificación formen una unidad. Para ello no hay que olvidarse de la frase «menos es más».

Para reproducir la vegetación existen numerosas posibilidades, pero antes de empezar a elaborarla deberíamos contemplar con atención los árboles tal como se encuentran en la naturaleza y fotografiarlos para nuestra colección. De esta manera, cuando llegue la ocasión, podremos consultar diferentes tipos y abstraer el más indicado para nuestra maqueta. Es recomendable iniciar una colección de nuestros propios árboles construidos con técnicas diferentes y a escalas distintas. Durante las primera pruebas nos daremos cuenta de que no se construyen en cinco minutos. Por lo tanto, si queremos que la maqueta sea digna y tenga calidad no podemos esperar al último momento antes de entregarla para incorporar la vegetación.

La elección de determinadas formas arbóreas no sólo depende de la escala de la maqueta, sino también del efecto que queremos que produzca. Nuestro objetivo consiste en reproducir a escala la forma genérica de árbol para incorporarla a la maqueta y no la de un determinado tipo. En general los árboles se reproducen con una forma esférica, cilíndrica o de paraguas.

Tipo de árbol en la naturaleza		Tamaño en la maqueta		
	altura en metros	1:20 (cm) 1:200 (mm)	1:50 (cm) 1:500 (mm)	1:100 (cm) 1:1000 (mm)
Secuoya	100	500	200	100
Douglasia	50-60	250-300	100-120	50-60
Pícea, pino, abeto	30-40	150-200	60-80	30-40
Tejo, ciprés	10-15	50-75	20-30	10-15
Haya, olmo	30-40	150-200	60-80	30-40
Encina, álamo	25-35	125-175	50-70	25-35
Arce, tilo, plátano	20-30	100-150	40-60	20-30
Frutales viejos	8-10	40-50	15-20	8-10
Frutales	4-5	20-25	8-10	4-5

Materiales naturales para reproducir árboles

Entre éstos se encuentran, por ejemplo, piñas de abetos y pinos, pequeñas ramitas, azaleas secas, flores de aquileas y umbelíferas parecidas. Una «recolección» como previsión, al pasear por el bosque, se agradece y en la maqueta, aunque haya que retocarlas un poco, siempre producirán un efecto natural.

En cambio, otros productos naturales como líquenes, musgos o esponjas son una materia prima que primero tenemos que recortar y dar la forma deseada. El musgo islamond (se puede adquirir en jardinerías o floristerías) se lava con agua y tras escurrirlo con cuidado se rocía con glicerina para que mantenga la elasticidad y no se deshaga. Este tipo de musgo también puede adquirirse en las tiendas de modelismo, pero suele tener excesivo tinte.

Como herramientas nos basta con una tijera mediana y otra pequeña. Con fijador se pueden rigidizar las piezas más débiles. A veces se necesita pegamento universal y también pintura. Las copas de los árboles deberían fijarse sobre los correspondientes «troncos».

Productos industriales para reproducir árboles

Existe una gran gama de posibilidades, pero aquí basta con citar los siguientes productos:

- bolas de papel,
- esferas y espigas de madera,
- escobillas,
- bolas de «styropor», corcho, varillas de metacrilato, espuma rígida, fieltros para humificadores,
- alambre y serrín,
- lana de acero,
- tela metálica

Arboles esféricos (1: 1000 hasta 1: 100): Podemos construir árboles con esferas de madera, «styropor», papel y lana de acero con tronco o sin él. A las diferentes esferas les daremos un acabado en concordancia con el carácter de la maqueta (color y textura).
Árboles cilíndricos (1:500 hasta 1:100): Podemos construir árboles con varillas de madera o metacrilato, con escobillas y con alambres trenzados. Las varillas se lijan de manera regular o irregular con una eléctrica y luego se cortan a la medida deseada. Podemos colocar estos árboles sobre un tronco o no. Existen escobillas de diferente tamaño en droguerías y tiendas para laboratorios. Las cerdas se deforman y cortan a la medida conveniente.
Árboles con copa en forma de paraguas (1:500 hasta 1:50): Podemos construir copas en forma de paraguas con materiales naturales o industriales utilizando, por ejemplo, alambre, tela metálica de la más fina o espuma rígida.
Árboles de alambres (1:200 hasta 1:50): Un manojo de hasta doce alambres delgados se fija al tronco. Los extremos libres los enganchamos al extremo de un taladro y lo giramos lentamente. De este conjunto de alambres trenzados podemos recortar piezas según la altura y el tamaño de la copa del árbol. Las ramas podemos curvarlas según la forma deseada.
Árboles de malla metálica fina: Cortamos superficies irregulares de tela metálica cuyo centro fijamos a los troncos elaborados con alambre trenzado o varillas de madera. Un efecto interesante se consigue recortando la forma deseada en fieltros de espuma fijados a varillas de madera.
Árboles de tela metálica (1:1000 hata 1:500): Cuando trabajamos a un escala pequeña podemos representar los árboles sencillamente mediante malla metálica. Ésta se incorpora a la maqueta topográfica de manera que se alternen zonas de diferente densidad de vegetación. Encima de la malla metálica se puede reproducir la masa de las copas de los árboles con espuma rígida.

Árboles prefabricados

En las tiendas de modelismo podemos encontrar árboles pre-

211. Materia prima recogida en la naturaleza para reproducir árboles: piñas de aliso, ramas, musgo islamond, maleza, conos y abrojo de cardo.

212. Materiales industriales para reproducir árboles: fieltro, esponjas, espuma rígida, escobillas, alambre, lana de acero, varillas de metacrilato, mondadientes, cable eléctrico, esferas de madera y bolas de papel.

213. Diferentes árboles reproducidos con clavos de aluminio, bolas de papel, esferas de madera, varillas de metacrilato, alfileres y piñas de aliso y abeto.

214. Diferentes árboles reproducidos con espuma rígida, lana de acero, bolas de papel, varillas de madera pulida, piñas de alerce y en el centro un abrojo de cardo.

215. Diferentes árboles reproducidos con ramas de espino, espuma rígida fijada sobre alambre trenzado, musgo islamond, papel de seda, ramitas de tomillo, aquilea y musgo.

216. Diferentes árboles reproducidos con musgo islamond fijado sobre mondadientes.

217. Líquenes fijados sobre mondadientes.

218. Esferas de madera lijadas irregularmente sobre varillas.

219. Lana de acero reproduciendo un seto y una fila de álamos.

220. Copas de «styropor» fijadas sobre mondadientes.

221. Bolas de papel formando una hilera y grupos de árboles.

222. Piñas de aliso fijadas sobre alfileres.

fabricados o encargarlos por catálogo. Sin embargo, los árboles utilizados en el modelismo de trenes no suelen ajustarse a nuestras exigencias debido a su color, forma y grado de detalle. Si a pesar de todo nos decidimos a utilizarlos hay que vigilar la escala.

Sólo se han explicado algunas de las posibilidades existentes para representar árboles y hay que tener presente que existen muchas otras. Apenas hay límites a la invención y búsqueda de un tipo de árbol personal.

8.2 Figuras humanas

En el mercado existen muchas figuras humanas y animales, pero también en este caso hay que vigilar que estas figuras, de gran detalle, se adapten al acabado de nuestra maqueta.

Elaboración

— En las maquetas a pequeña escala podemos representar las figuras mediante hojas de abeto, pequeños trozos de tela metálica o granos de comino. (1:500)

— Figuras de perfiles de madera: buscamos en revistas o en nuestras propias fotografías imágenes adecuadas y las reducimos en la fotocopiadora a la escala correspondiente. A continuación copiamos la silueta simplificada en el canto de un perfil de madera y lo serramos longitudinalmente. Por último serramos transversalmente tantas unidades como necesitemos. (1:100 hasta 1:50)

— Figuras como siluetas: en una fotocopiadora se amplían o reducen a la escala adecuada diferentes figuras de fotografías o revistas. A continuación las pegamos sobre cartulina y por último las recortamos. (1:100 hasta 1:10)

— Figuras de metacrilato: de manera parecida al caso anterior

217-222. Diferentes tipos de árboles a escala 1:500.

223. Piezas de «styrodur» recortadas de forma irregular y fijadas sobre alfileres. A la derecha lo mismo con madera de balsa.

224. Figuras abstractas de láminas de styropor ligeramente pintado y fijadas sobre alfileres.

también se pueden construir figuras con planchas delgadas de metacrilato (1:100 hasta 1:10)

— Figuras con alfileres y ropa de papel: una manera sencilla de representar figuras de forma abstracta consiste en recortar superficies irregulares de papel de color, doblarlas y fijarlas a un alfiler de cabeza negra o transparente (1:200, 1:100)

— Figuras de espuma rígida: se construyen con tanta rapidez como las figuras de papel. De un trozo de espuma rígida («styrodur») cortamos una tira de 1 mm de grosor y según la escala con una anchura de 1 a 2 cm. La dividimos aproximadamente en cuadrados que atravesamos con alfileres. Por último recortamos una silueta humana con una tijera pequeña. Se trata de un método rápido y especialmente apropiado para reproducir figuras humanas a escala 1:200 y 1:100.

— Figuras de perfiles de madera de balsa: de una plancha de madera de balsa cortamos listones de diferentes sección y longitud. Atravesamos de cuatro a cinco listones con un alfiler. Por último podemos pintar la figura de color. Este método es apropiado para reproducir figuras humanas a escala 1:100.

— En las maquetas más grandes se pueden construir figuras con plastilina, arcilla y alambre. También se pueden construir como si fueran marionetas ensamblando cubos y esferas.

225. Papel impreso (eventualmente de color), doblado, recortado de forma aproximada y fijado sobre alfileres.

Escala	1:50	1:100	1:200	1:500
tamaño persona de 1,75 m	35 mm	18 mm	9 mm	3,5 mm

226. Personas y automóviles a escala 1:50, 1:100 y 1:200. Todos los perfiles se han obtenido serrando una pieza de madera con la sierra circular. Las personas a escala 1:200 miden aproximadamente 1,0 cm de altura y se acaban de separar con un *cutter*.

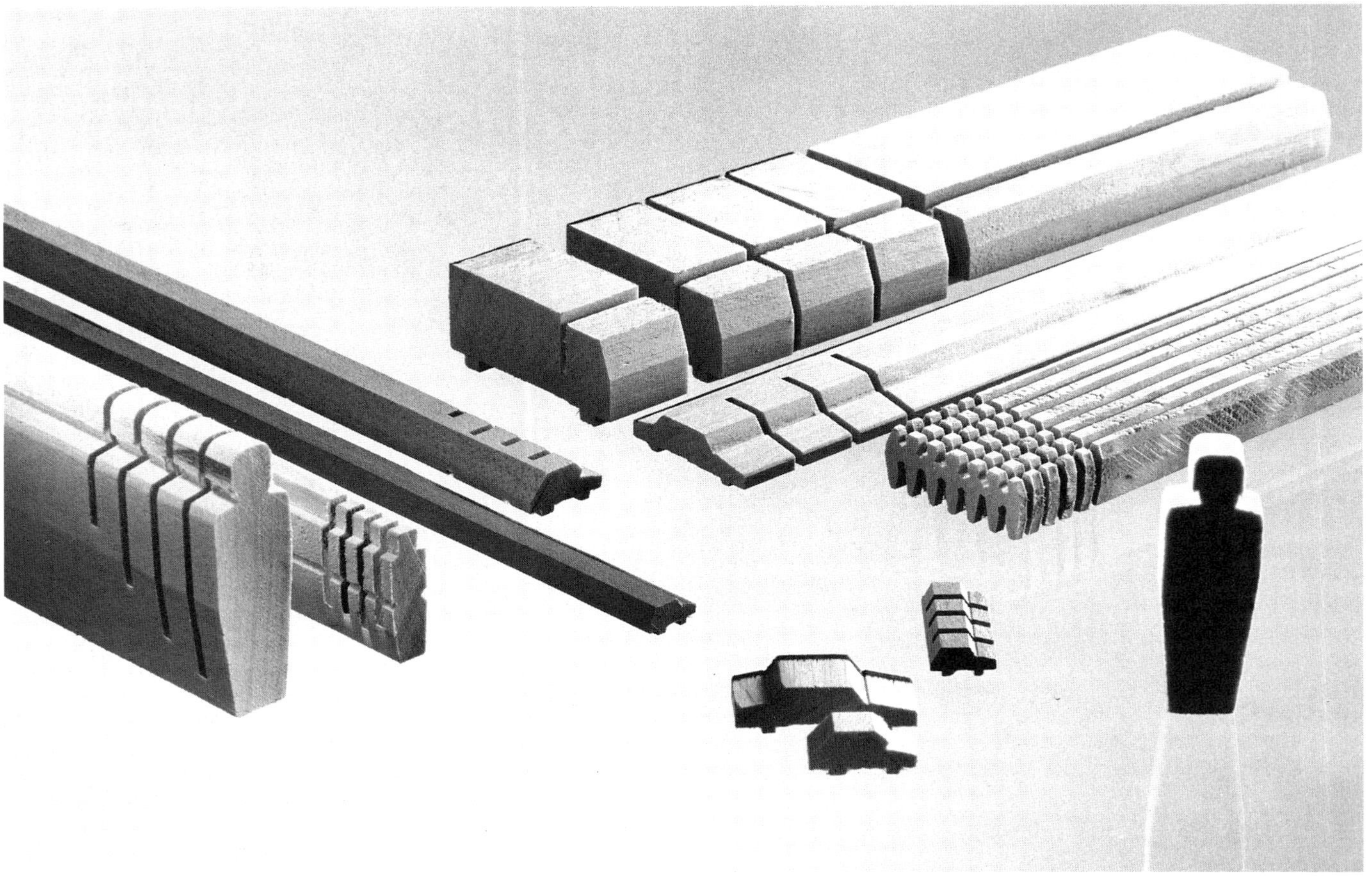

8.3 Vehículos

Aunque en las tiendas correspondientes podemos encontrar casi todos los modelos reproducidos con gran precisión a diferentes escalas, tampoco en este caso se trata de reproducir un tipo determinado de coche.

Es preferible que fabriquemos nuestros propios automóviles dibujando la silueta de un coche o una furgoneta (a partir de una fotografía convenientemente ampliada o reducida en la fotocopiadora) sobre el canto anterior de un perfil y a continuación lo serremos longitudinalmente con la sierra circular. De este perfil con forma de coche serramos transversalmente tantas unidades como necesitemos. El grado de detalle es más que suficiente ya que por lo general sólo se reproducen coches a escala pequeña (1:500, 1:200 y excepcionalmente 1:100).

automóvil	1:50	1:100	1:200	1:500
VW-escarabajo 4,1-1,5-1,5 m.	82-30-30	41-15-15	20-7-7	8-3-3 mm.
autobús 12-2,5-2,8 m.	240-50-56	120-25-28	60-12-14	24-5-6 mm.
vagón de tren 25-3,5-4 m.	500-70-80	250-35-40	125-17-20	50-7-8 mm.

8.4 Piezas pequeñas

Pasamanos, barandillas, vallas

Los pasamanos, barandillas y vallas se suelen representar con alambres soldados (véase el apartado 6.4.4). También podemos encontrar piezas prefabricadas en las tiendas de modelismo o de componentes electrónicos.

Muebles

En las escalas pequeñas (1:200, 1:100 y 1:50) los muebles se suelen obtener recortanto un perfil de forma similar a lo explicado para la elaboración de automóviles. También se pueden utilizar cubos, dados y volúmenes de madera o metacrilato que sugieran piezas de mobiliario. Al igual que en los casos explicados hasta ahora no se trata de reproducir un tipo determinado sino de dar una idea del volumen y de las medidas.

227. Complejo industrial a escala 1:500. Base: tablero de carpintero de 13 m de espesor; terreno y vías de circulación: cartulina reciclada; edificios: madera maciza de arce pintada; depuradora: varillas de PVC; chimenea: tubo de aluminio de 5 mm. de diámetro; árboles: espigas de madera de haya. Los árboles, al igual que las instalaciones industriales, dan una idea de la escala.

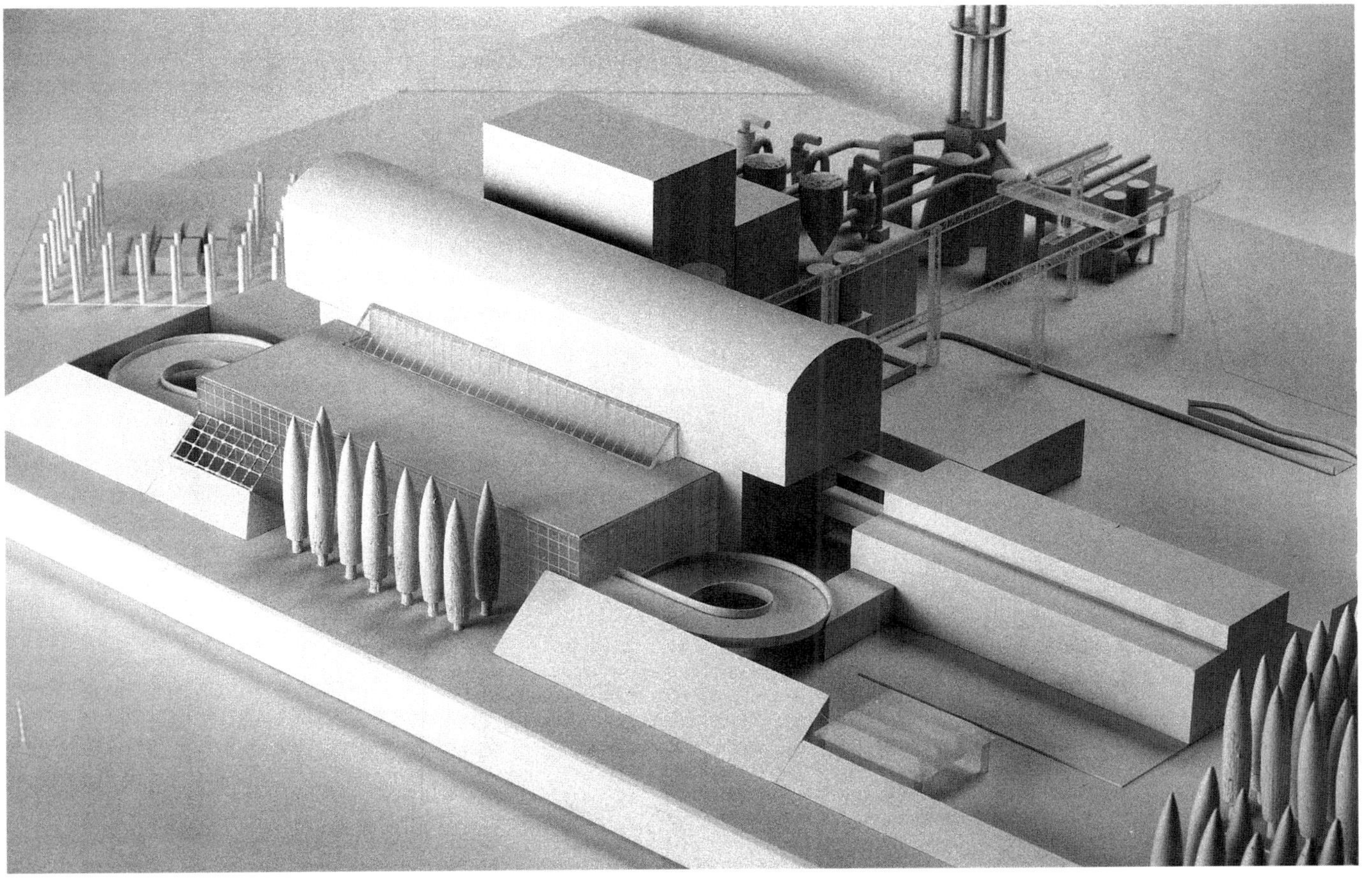

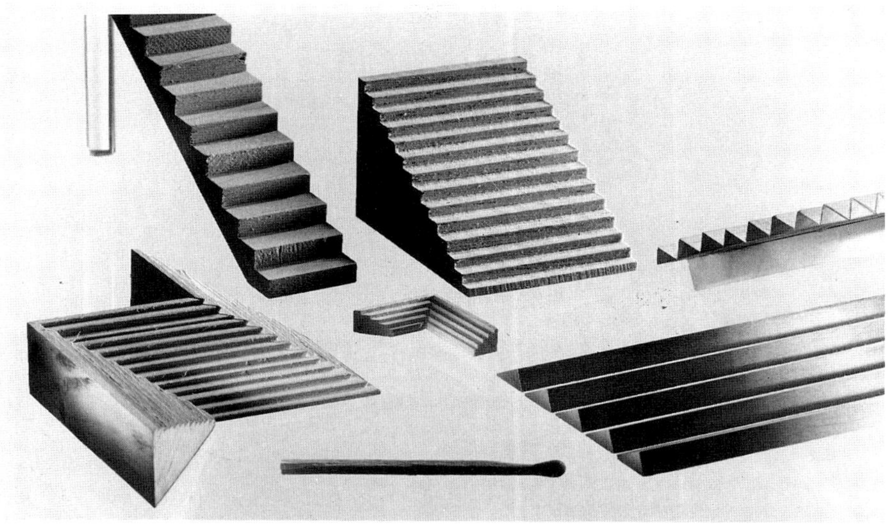

228. Perfiles de escaleras a escala 1:500, 1:200, 1:100 y 1:50. Hasta la escala 1:100 se pueden construir escaleras cortando perfiles macizos con la sierra circular. A escala 1:50 o mayor, es preferible cortar cada uno de los peldaños por separado y encolarlos a una estructura auxiliar.

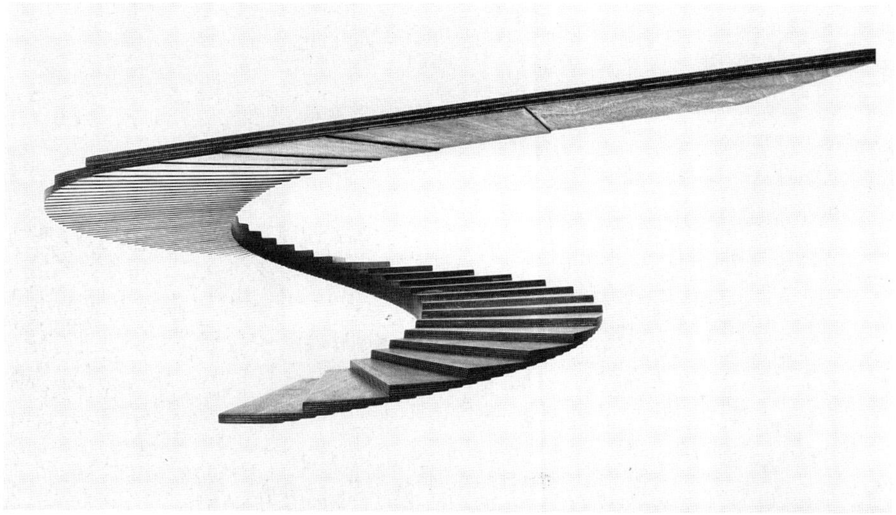

229. Escalera helicoidal a escala 1:20. Los peldaños se han recortado en madera contrachapada de 1,6 mm y luego se han encolado pieza a pieza. Cada cinco piezas forman un escalón.

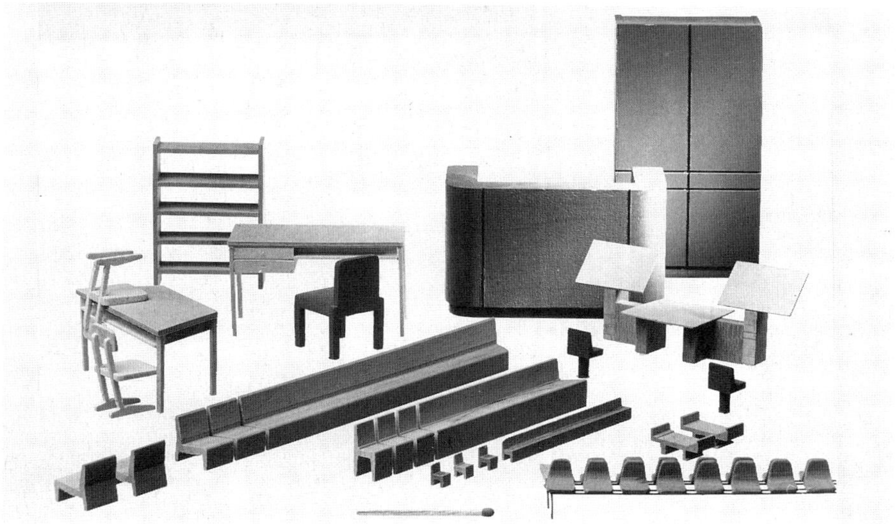

230. Mobiliario para maquetas de espacios interiores a diferentes escalas. Estantería, 1:33; escritorio, 1:20; pupitre y silla, 1:33; sillón, 1:50; sillas, 1:50 y 1:100; camas, 1:100; mesas de dibujo, 1:50; armario y mostrador, 1:20; hileras de sillas sobre alambre, 1:50. Todas las piezas son de madera maciza serrada con la sierra circular, en parte como piezas únicas y en parte a partir de un perfil longitudinal.

9 La maqueta como práctica formal

Las maquetas se expresan con un lenguaje diferentes a los dibujos. Precisamente por este motivo está en condiciones de describir de otra manera la idea del proyecto arquitectónico. La capacidad de reproducir con medios plásticos la idea espacial y con ello el núcleo del proyecto arquitectónico constituye una gran ventaja respecto al dibujo. Una maqueta, además de reproducir tridimensionalmente las características especiales, puede mostrar otras propiedades como son los materiales, colores, relaciones con el entorno, etc. La construcción de una maqueta además de constituir la reproducción de una forma arquitectónica puede entenderse como una tarea formal por sí misma. Puede tener una expresión propia que refleje fielmente los planos existentes o se distancie claramente de ellos. La expresión que deseamos dar a la maqueta tenemos que fijarla de antemano para tomar las medidas oportunas, por ejemplo, elegir los materiales.

Si se reproduce un edificio aislado, es decir, sin integrarlo en el contexto correspondientes se ha de pensar en la expresión que queremos dar a la maqueta y en el efecto que tenga que producir. Para esto se recomienda probar diferentes formas de representación con métodos muy sencillos para hacerse una idea aproximada del efecto que puede producir la maqueta.

231. Maqueta, 1:50. Cartón pluma de 3 mm de espesor, perfiles de aluminio, tela metálica, alambres, metacrilato y pintura de color.

Además, de esta manera pueden averiguarse con mayor facilidad las necesidades de material y los posibles problemas de su construcción. En el caso de reproducir un edificio aislado hay menos posibilidades de expresión que en el caso de reproducirlo junto con su entorno. De entrada hay que decidir si vamos a representar el edificio como un volumen, como la yuxtaposición de sus partes o si nos vamos a limitar a reproducir algún aspecto. A continuación hay que decidir si construiremos la maqueta por medio de superficies o mediante elementos lineales. Esta elección del tipo de construcción, que en principio es independiente del material empleado, determinará en gran parte el carácter de la maqueta. Llegados a este punto tendremos que preguntarnos si la maqueta reproducirá miméticamente la realidad o tendrá un carácter abstracto, si ha de producir un efecto de equilibrio o de tensión. También tendremos que determinar, en función del destinatario (promotor, jurado, institución), si hay que disimular, o incluso hacer desaparecer, algunas características críticas del proyecto y cómo se puede conseguir. ¿Se ha de esconder el incumplimiento de la normativa urbanística (por ejemplo, altura reguladora y número de plantas) representando el edificio con planos horizontales para que parezca más bajo a pesar de su altura? ¿Desdoblaremos el volumen de un edificio macizo para que dé una impresión de mayor transparencia? El maquetista se ha de plantear preguntas de esta índole al elegir el tipo de representación y comprobarlas una y otra vez durante el proceso de construcción.

Cuando se trata de reproducir un edificio junto con su entorno, ya sea urbanístico o paisajístico como ocurre en las maquetas realizadas a escala 1:200, es importante decidir los límites de la zona a representar. Estos límites pueden coincidir con los existentes en los planos del proyecto, pero también pueden ser diferentes. La elección de la zona a representar tiene una gran influencia en el carácter de la futura maqueta. Por ejemplo, si un solar está rodeado por todos los lados con una edificación regular y la representamos en el perímetro de una maqueta de base cuadrada, obtendremos un marco tranquilo y equilibrado donde situar nuestro nuevo edificio. Si en cambio recortamos los límites de forma irregular marcando algunas direcciones y líneas de tensión obtendremos un marco dinámico y tenso para situar el mismo edificio anterior, pero que ahora producirá un efecto completamente diferente.

Al fijar la composición y el perímetro de la base de la maqueta, así como la disposición de la edificación y las zonas libres, se acentúan determinados aspectos del proyecto. A continuación hay que elegir los materiales, la técnica de construcción y los colores de la maqueta. Si ésta ha de acentuar el volumen y la forma plástica del edificio se debería elegir un material opaco que enfatice la piel exterior del edificio. En cambio, si se trata de mostrar la relación entre el interior y el exterior, es decir, la permeabilidad, la transparencia y la estructura espacial, el maquetista debería elegir un material con unas características gráficas y una textura capaces de expresar el contraste entre los diferentes espacios. Esta manera de construir se recomienda para representar edificios. Para realizar maquetas más «blandas» en las que se muestren las relaciones paisajísticas o históricas, por ejemplo en núcleos antiguos, es preferible reproducir los edificios por el volumen y las superficies relacionadas con su entorno.

Las preguntas sobre la configuración de nuestra maqueta se contestan en el siguiente orden:

— fijar la escala;
— fijar los límites de la zona a reproducir y determinar los puntos y líneas a enfatizar;
— reflexiones sobre el efecto a conseguir:
  mimétrico/abstracto,
— voluminosidad/transparencia,
  monocromo/policromo — color propio de los materiales,
  unidimensional (líneas) / bidimensional (planos) / tridimensional (volúmenes),
  a grandes rasgos/detallado,
  tecnológico/poético,
  plasticidad/planeidad,
— explicativo/silencioso;
— elegir los materiales y los colores;

Sólo si entendemos la construcción de una maqueta como una tarea formal por sí misma seremos capaces de desarrollar nuestro propio «lenguaje de maquetista».

232. Maqueta de un edificio, 1:100. Base: tablero de carpintero de 16 mm. de espesor; lámina de agua: metacrilato sobre fondo blanco; talud: madera aglomerada modelada con tapagrietas y recubierta con pequeños fragmentos de mármol; puente: madera de tilo modelada con tapagrietas; construcción portante del edificio: cartón pluma de 3 mm recubierto con papel reflectante; fachada: metacrilato transparente de 1,5 mm; carpintería: pintura de color blanco; superficies opacas: chapa de cobre enganchada con papel adhesivo por ambas caras; escalera exterior: metacrilato; pasamano: alambre plateado; escultura (Niké): chapa de aluminio fijada a la cubierta mediante un perfil soldado.

Créditos a las ilustraciones

Las abreviaciones significan: **O.** = objeto; **P.** = proyectista; **M.** = maquetista; **F.** = fotógrafo; **IZM** = Instituto de Dibujo y Modelismo de la Universidad de Stuttgart.

1. **O.** Torre de oficinas en Frankfurt a.M.; **P.** W. Knoll, C. Baum; **M.** W. Mierzwa; **F.** H.-J. Heyer.
2. **O.** Seminario de proyectos en el IZM; **P.** + **M.** Roland Wilhem; **F.** H.-J. Heyer.
3. **O.** «Torre Tagblatt», Stuttgart; Seminario de modelismo en el IZM, 1989; **P.** (E. Otto Oβwald, 1928); **M.** Nils Denker, Werner Kreuzholz; **F.** H.-J. Heyer.
4. **O.** Universidad de Kaiserlautern, Facultad de Química; **P.** Heinle, Wischer y asociados; **M.** Martin Hechinger; **F.** Niko Koliusis.
5. **O.** Torre de oficinas, Frankfurt a.M.; **P.** W. Knoll, C. Baum; **M.** Mierzwa/Hechinger; **F.** H.-J. Heyer.
6. **O.** Trabajo escolar en el IZM, 1983-1984; **M.** grupo de estudiantes; **F.** H.-J. Heyer.
7. **O.** Seminario de proyectos en el IZM (Dtor. W. Everts), 1977; **M.** grupo de estudiantes; **F.** H.-J. Heyer.
8. **O.** Trabajo escolar en el IZM (Dtor. Siegfried Albrecht); **P.** Michael Bendele; **M.** Michael Bendele; **F.** H.-J. Heyer.
9. **O.** Trabajo escolar en el IZM, 1982-1983; **M.** grupo de estudiantes; **F.** H.-J. Heyer.
10. **O.** Trabajo escolar en el IZM (Dtor. W. Everts); **F.** H.-J. Heyer.
11. **O.** Trabajo escolar en el IZM (Dtor. W. Everts), 1979-1980; **P+M**. Joachim Hornbacher; **F.** H.-J. Heyer.
12. O. Jardín de lectura; Trabajo escolar en el IZM, 1967-1968; **P+M**. Barbalk, Huppert, König; **F**. H.-J. Heyer.
13. **O**. Escuela primaria en Stammheim, 1989; paisajismo: M.A. Fischer; **P**. Siegfried Albrecht; **M**. M. Hechinger, S. Albrecht; **F**. H-J. Heyer.
14. **O.** Trabajo escolar en el IZM (Dtor. Siegfried Albrecht); **F.** H.-J. Heyer.
15. **O.** Jardín de lectura; trabajo escolar en el IZM, 1976-1977; **P.+M.** Siegfried Gaβ; **F.** H.-J. Heyer.
16. **O.** Trabajo escolar en el IZM (Dtor. Siegfried Albrecht); **P.+M.** Patrick Humpert; **F.** H.-J. Heyer.
17. **O.** Trabajo escolar en el IZM (Dtor. Siegfried Albrecht); **F.** H.-J. Heyer.
18. **O.** Trabajo escolar en el IZM (Dtor. W. Everts); **P.+M.** Reinhard Koine; **F.** H.-J. Heyer.
19. **O.** Trabajo escolar en el IZM (Dtor. Siegfried Albrecht); **P.+M.** Patrick Humpert; **F.** H.-J. Heyer.
20. **O.** Concurso para la plaza «Kleiner Schloss» en Stuttgart, 1985; **P.** E. Herzberger; **M.** M. Hechinger; **F.** H.-J. Heyer.
21. **O.** «Weissenhofsiedlung», Stuttgart; Seminario de modelismo en el IZM, 1928; **P.** Werkbundausstellung 1928; **M.** grupo de estudiantes; **F.** H.-J. Heyer.
22. **O.** Proyecto en el IZM (Dtor. H. Buchwald); **P.+M.** Joachim Käppeler, **F.** H.-J. Heyer.
23. **O.** Casa A.G. Schneck «Weissenhofsiedlung», Stuttgart; Seminario de modelismo en el IZM, 1989; **P.** Werkbundausstellung 1928; **M.** Paul Rothfischer; **F.** H.-J. Heyer.
24. **O.** Proyecto en el IZM, 1989; **P.+M.** Markus Hebel; **F.** H.-J. Heyer.
25. **O.** Clínica Universitaria de Regensburgo, 1976; **P.** Heinle, Wischer y asociados; **M.** M. Hechinger; **F.** H.-J. Heyer.
26. **O.** Proyecto en el IZM, 1977-1978; **P.+M.** Winfried Klimesch; **F.** W. Knoll.
27. **O.** Escuela primaria en Stammheim, 1989; **P.** P. Hübner, **M.** M. Heschinger; **F.** H.-J. Heyer.
28. **O.** Edificio de oficinas de Karlsruhe, 1988; **P.** W. Knoll; **M.** C. Baum; **F.** H.-J. Heyer.
29. **O.** Trabajo escolar en el IZM (Dtor. Siegfried Albrecht); **F.** H.-J. Heyer.
30. **O.** Clínica Universitaria, Essen 1976; **P.** Heinle, Wischer y asociados; **M.** M. Hechinger; **F.** H.-J. Heyer.
31. **O.** Trabajo del Seminario sobre técnicas de moldeo (Dtor. A.P. Betschart), 1988-1989; **P.+M.** Uwe Geue; **F.** H.-J. Heyer.
32. **O.** Columna de cajones, 1989; **P.** W. Knoll, pintura Susanne Schmidt; **M.** M. Hechinger; **F.** H.-J. Heyer.
33. **O.** Estudio de fachada; **P.** W. Knoll; **M.** M. Hechinger; **F.** H.-J. Heyer.

34, 35. **F.** H.-J. Heyer.

36. **O.** Trabajo escolar en el IZM, 1967; **P.+M.** C.B. Macher; **F.** E. Seiferth.
37. **O.** Trabajo escolar en el IZM, 1988; **F.** H.-J. Heyer.
38. **O.** Proyecto en el IZM, 1989; **P.+M.** Roland Wilhem; **F.** H.-J. Heyer.
39. **O.** Trabajo escolar en el IZM (Dtor. Siegfried Albrecht), 1987; **P.+M.** Max Stemshorn; **F.** H.-J. Heyer.
40. **O.** Proyecto en el IZM, 1987; **P.+M.** Wolgang Balbach; **F.** H.-J. Heyer.
41. **F.** H.-J. Heyer.
42. **O.** Trabajo escolar en el IZM (Dtor. W. Everts), 1977; **P.+M.** Hans J. Schlecht; **F.** H.-J. Heyer.
43. **F.** H.-J. Heyer/M. Hechinger.
44. **O.** Proyecto en el IZM, 1982; **P.+M.** Christiane Grimm; **F.** H.-J. Heyer.
45. **O.** Trabajo escolar en el IZM (Dtor. Siegfried Albrecht); **P.+M.** Monica Tachenberg; **F.** H.-J. Heyer.
46. **O.** Trabajo escolar en el IZM (Dtor. Siegfried Albrecht), 1987; **P.+M.** Alfred Rein; **F.** H.-J. Heyer.
47. **O.** Galería de arte y exposiciones en Bonn, 1987; **P.+M.** H. Klumpp; **F.** H.-J. Heyer.
48. **O.** Trabajo escolar en el IZM (Dtor. Siegfried Albrecht), 1987; **P.+M.** Monica Tachenberg; **F.** H.-J. Heyer.
49. **O.** Proyecto en el IZM (Dtor. W. Everts); **P.+M.** Franz Xaver Baier; **F.** H.-J. Heyer.
50. **O.** Trabajo escolar en el IZM, 1988; **F.** H.-J. Heyer.
51. **F.** H.-J. Heyer.
52. **F.** H.-J. Heyer/M. Hechinger.
53. **O.** Galeria estatal en Stuttgart, Seminario de modelismo

en el IZM, 1987; **P.** J. Stirling; **M.** Susanne Blumberg; **F.** H.-J. Heyer.
54. **O.** Proyecto en el IZM, 1976-1977; **P.+M.** Siegfried Gergs; **F.** W. Knoll.
55. **O.** Trabajo fin de carrera (tutor: Walter Förderer), 1990; **P.+M.** Werner Grosse; **F.** H.-J. Heyer.
56. **F.** H.-J. Heyer/M. Hechinger.
57. **O.** Seminario de modelismo en el IZM, 1987; **P.+M.** Trabajo en grupo; **F.** H.-J. Heyer.
58. **O.** Vivienda en la «Weissenhofsiedlung», 1927; Seminario de modelismo en el IZM, 1985; **P.** Le Corbusier; **M.** Markus Schaible; **F.** H.-J. Heyer.
59. **O.** Trabajo fin de carrera (tutor: Dr. J. Joedicke); **P.+M.** Andreas Edelmann; **F.** H.-J. Heyer.
60. **O.** Escuela de moda en Stuttgart; trabajo fin de carrera en el IZM, 1990 (tutor: W. Knoll); **M.** W. Mierzwa; **F.** H.-J. Heyer.
61. **F.** H.-J. Heyer/M. Hechinger.
62, 63. **O.** Trabajo escolar en el IZM, 1989; **F.** H.-J. Heyer.
64. **F.** H.-J. Heyer/M. Hechinger.
65. **P.** Reinhard Rupf; **F.** W. Knoll.
66. **F.** H.-J. Heyer/M. Hechinger.
67-70. **F.** H.-J. Heyer/Susane Schmidt.
71-76. **F.** H.-J. Heyer/M. Hechinger.
77. **F.** H.-J. Heyer/M. Hechinger/W. Knoll.
79. **O.** Vivienda Hugo Borst, 1921; Seminario de modelismo en el IZM (Dtor. D. Worbs y M. Hechinger), 1989; **P.** E. Wagner y H. Wetzel; **M.** A. Geiselhard y H. Schiefer; **F.** H.-J. Heyer.
80. **O.** Edificios para diarios rusos en Berlín; trabajo fin de carrera (tutor: J. Uhl), 1990; **P.** Antje Krüger; **M.** Antje Krüger; **F.** H.-J. Heyer.
81. **P.+M.** E. Herzberger; **F.** H.-J. Heyer.
82. **O.** Edificio de locales comerciales y viviendas en Karlsruhe, 1986; **P.** W. Knoll/E. Herzberger; **M.** M. Hechinger; **F.** H.-J. Heyer.
83. **O.** Sala de conciertos en Linz; trabajo fin de carrera (tutor: W. Knoll), IZM 1989; **P.** Caspar Baum; **M.** Caspar Baum; **F.** H.-J. Heyer.
84. N.N.; **F.** H.-J. Heyer.
85. **O.** Viviendas en Marburgo; Seminario de modelismo en el IZM, (Dtor. M. Hechinger), 1990; **P.** O.M. Ungers; **M.** D. Müller/Aron Weinsteiger; **F.** H.-J. Heyer.
86-91. **M.** W. Knoll/C. Baum; **F.** H.-J. Heyer.
92-94. **M.** W. Knoll/M. Hechinger; **F.** H.-J. Heyer.
95. **O.** Trabajo fin de carrera en la Universidad de Stuttgart; **P.+M.** N.N.; **F.** H.-J. Heyer.
96-100. **F.** H.-Heyer/M. Hechinger.
101-104. Esquemas: **P.** W. Knoll.
105-109. **F.** H.-J. Heyer/M. Hechinger.
110. **M.** N.N.; **F.** H.-J. Heyer.
111-119. **F.** H.-J. Heyer/M. Hechinger.
120. **O.** «Weissenhofsiedlung» Stuttgart, 1928; Seminario de modelismo en el IZM (Dtor. D. Worbs, M. Hechinger), 1985; **P.** J. J.P. Oud; **M.** Christoph Hüttel; **F.** H.-J. Heyer.
121. **O.** Vivienda Friedrich Wolf, 1928-1929; Seminario de modelismo en el IZM (Dtor. M. Hechinger), 1985; **P.** Richard Döcker; **M.** R. Benz/A. Dorner; **F.** H.-J. Heyer.
122-127. **F.** H.-J. Heyer/M. Hechinger.
128. **O.** Pabellón de entrada a un garaje subterráneo; **P.** taller de arquitectura «archiplan», Stuttgart; **M.** M. Hechinger; **F.** Norbert Daldrop.
129-133. **F.** H.-J. Heyer/M. Hechinger.
134. **O.** Clinica en Essen, 1976; **P.** Heinle, Wischer y asociados, Stuttgart; **M.** Martin Hechinger; **F.** Niko Koliusis.
135. **O.** edificio de locales comerciales y viviendas en Karlsruhe; **P.** W. Knoll; **M.** M. Hechinger; **F.** H.-J. Heyer.
136-141. **F.** H.-J. Heyer/M. Hechinger.
142. **O.** Centro preventivo en la clínica de Essen 1976; **P.** Heinle, Wischer y asociados, Stuttgart; **M.** M. Hechinger; **F.** H.-J. Heyer.
143. **O.** Centro de hospitalización en la clínica de Essen, 1976; **P.** Heinle, Wischer y asociados, Stuttgart; **M.** M. Hechinger; **F.** H.-J. Heyer.
144-146. **F.** J. Heyer/M. Hechinger.
147. **O.** Casa Moller, Viena; Seminario de modelismo en el IZM (Dtor. M. Hechinger), 1988; **P.** Adolf Loos; **M.** Oliver Baumgärtner; **F.** H.-J. Heyer.
148-150. **F.** H.-J. Heyer/M. Hechinger.
151. **O.** Edificio de oficinas en Frankfurt, 1989; **P.** W. Knoll, C. Baum; **M.** W. Mierzwa; **F.** H.-J. Heyer.
152. **O.** Villa Savoie; Seminario de modelismo en el IZM (Dtro. M. Hechinger) 1984; **P.** Le Corbusier; **M.** grupo de estudiantes; **F.** H.-J. Heyer.
153-156 **F.** H.-J. Heyer/M. Hechinger.
157-159. **O.** Concurso para el Hospital de la Cruz Roja en Bad Cannstatt, 1989; **P.** Eggert y asociados, Stuttgart; **M.** M. Hechinger; **F.** H.-J. Heyer.
160, 161, 164, 166, 169, 171, 172, 174, 175. **F.** H.-J. Heyer/ M. Hechinger.
162, 163, 165, 167, 168, 170. Esquemas; **P.** C. Baum.
173. **O.** Maqueta de urbanismo; seminario de modelismo en el IZM, 1978; **M.** O. Baumgärtner; **F.** H.-J. Heyer.
176. **O.** Seminario de modelismo en el IZM, 1977; **M.** M. Geibel; **F.** H.-J. Heyer.
177-182. **F.** H.-J. Heyer/M. Hechinger.
183-188. **O.** Invernadero en el jardín de plantas exóticas de Hohenheim; **P.** Steffi Neubert y Uschi Brunner, Universidad de Stuttgart, Instituto de proyectos y construcción (Dtor. C. v. Seidlein), 1988; **M.** Steffi Neubert y Uschi Brunner; **F.** H.-J. Heyer.
189. **O.** Seminario de modelismo en el IZM, 1990; **M.** grupo de estudiantes; **F.** H.-J. Heyer.
190. **O.** Seminario de modelismo en el IZM, 1990; **P.+M.** Margot Leinen; **F.** H.-J. Heyer.
191. **O.** Facultad de Medicina de Gottinga, 1975; **P.** Heinle, Wischer y asociados, Stuttgart; **M.** M. Hechinger; **F.** Niko Koliusis.
192. **O.** Edificio para un banco en Frankfurt; **P.** W. Knoll, 1988; **M.** M. Hechinger; **F.** H.-J. Heyer.
193. **O.** Concurso para la Galería Estatal del Museo Municipal de Bonn, 1985; **P.** N. Moest, H. Klumpp; **M.** M. Hechinger; **F.** H.-J. Heyer.
194. **O.** Almacenes Breuninger, 1929-1931; Seminario de modelismo en el IZM, 1989; **P.** Eisenlohr y Pfenning; **M.** Nikolaus Tennigkeit; **F.** H.-J. Heyer.
195. **O.** Sala de conciertos junto al mar; trabajo fin de carrera en el IZM, 1989; **P.+M.** A. Nasedy; **F.** H.-J. Heyer.
196-198. **O.** Villa Savoie, 1929; **P.** Le Corbusier; **M.** M. Hechinger; **F.** H.-J. Heyer.
199-201. **O.** Proyecto para un quiosco, 1967; **P.** W. Knoll; **M.** H.W. Rhinow; **F.** Seiferth.
202. **O.** Sala de conciertos en Linz, 1989; **P.** Sabine Sauter tutorizada por el profesor W. Knoll, IZM; **M.** Sabine Sauter; **F.** H.-J. Heyer.

203. **O.** Escenografía para: Peter Weiss, «La persecución y asesinato de Jean Paul Marats»; trabajo de fin de carrera en el IZM (tutor: W. Knoll), 1989; **P.+M.** Ulla Jansen; **F.** H.-J. Heyer.
204. **O**. Puerta basculante para un almacén; seminario de problemas especiales de la construcción, Universidad de Stuttgart (Dtor. P. Hübner; **P.** S. Calatrava; **M.** Ch. Muth; **F.** H.-J. Heyer.
205-209. **O.** Pabellón para la escuela primaria de Stammheim; **P.** Peter Hübuer; **M.** M. Hechinger; **F.** H.-J. Heyer.
210-211. **F.** H.-J. Heyer/Susane Schmidt.
212. **F.** H.-J. Heyer/M. Hechinger.
213-215. **F.** H.-J. Heyer/W. Knoll/C. Baum.
216. **F.** H.-J. Heyer/M. Hechinger.
217-222. **O.** Seminario de modelismo en el IZM (Dtor. M. Hechinger); **F.** H.-J. Heyer.
223-225. **F.** H.-J. Heyer/W. Knoll/S. Schmidt.
226. **F.** H.-J. Heyer/M. Hechinger/S. Schmidt.
227. **O.** Concurso para una planta incineradora de basuras, Frankfurt/M, 1983; **P.** L. Vidolovits; **M.** M. Hechinger; **F.** H.-J. Heyer.
228, 230. **F.** H.-J. Heyer/M. Hechinger.
229. **M**. Werner Grosse; **F.** H.-J. Heyer.
231. **O.** Proyecto piloto en el IZM, Ltg. E. Herzberger; **P.+M.** Nicola Haas; **F.** H.-J. Heyer.
232. **O.** Torre para una escultura de Nike en Linz, trabajo fin de carrera en el IZM (tutor: W. Knoll); **P.+M.** Gabriele Schickedanz; **F.** H.-J. Heyer.